Diapsoterapia

O poder da estimulação vibratória
no combate às doenças

Dados Internacionais de Catalogação na Publicação (CIP)
(Câmara Brasileira do Livro, SP, Brasil)

Bonzatto, Lúcio
  Diapsoterapia : o poder da estimulação vibratória no combate às doenças / Lúcio Bonzatto. -- 1. ed. -- São Paulo : Ícone, 2010.

  1. Acupuntura 2. Diapsoterapia 3. Medicina alternativa 4. Pontos de acupuntura 5. Sistemas terapêuticos I. Título.

10-00931
CDD-615.892
NLM-WB-369

Índices para catálogo sistemático:

1. Diapsoterapia : Acunputura : Terapêutica
     615.892
2. diapsoterapia : acunputura : terapêutica   WB-369

Lúcio Bonzatto

Diapsoterapia

O poder da estimulação vibratória
no combate às doenças

1ª edição

Brasil – 2010

© Copyright 2010
Ícone Editora Ltda.

Projeto Gráfico, Capa e Diagramação
Richard Veiga

Revisão
Marsely De Marco Dantas
Rosa Maria Cury Cardoso

Fotos
Bruna Stadler *(modelo)*
Carlos Eduardo Rosa Borges

Proibida a reprodução total ou parcial desta obra, de qualquer forma ou meio eletrônico, mecânico, inclusive através de processos xerográficos, sem permissão expressa do editor. (Lei nº 9.610/98)

Todos os direitos reservados para:
ÍCONE EDITORA LTDA.
Rua Anhanguera, 56 – Barra Funda
CEP: 01135-000 – São Paulo/SP
Fone/Fax.: (11) 3392-7771
www.iconeeditora.com.br
iconevendas@iconeeditora.com.br

Professor Lúcio Bonzatto

Criador da técnica Diapsoterapia,
estimulação de acupontos por diapasões acústicos.
Professor de acupuntura tradicional chinesa e
Ciências Biológicas e musicoterapeuta.

Agradecimentos

Agradeço primeiramente o TAO pela oportunidade de perceber algumas coisas pelo autoconhecimento, e pela oportunidade de receber as informações que compõem este trabalho. Agradeço também meus Mestres Duk Ki Kim, responsável pela minha formação em acupuntura tradicional chinesa e Han Yin Xun, responsável pela minha habilidade de falar o mandarim (língua oficial da China). Também meus agradecimentos pelos responsáveis na elaboração de meu trabalho, meu irmão Eduardo Antonio Bonzatto, pela total influência em meu modo de ser, pela subversão e dedicação na correção deste trabalho. Também meus agradecimentos para Carlos Eduardo Rosa Borges (fotógrafo) e Bruna Stadler (modelo) que proporcionaram seu tempo, paciência e dedicação para que meu sonho se tornasse uma realidade.

Muito obrigado a meus pais e toda minha família que sempre acreditaram em minhas pesquisas, mesmo sendo difícil as atividades neste seguimento. Também agradeço as minhas experiências de vida que forjaram meu espírito no que é hoje.

Índice

INTRODUÇÃO, 11

CAPÍTULO 1
Padrões de estimulação dos pontos de Acupuntura pelos diapasões, 15

CAPÍTULO 2
Tratamentos, 39

- Edema de godê e comprometimento da circulação linfática, 39
- Tratamento no edema de face, 47
- Tratamento da nevralgia do trigêmeo, 52
- Tratamento para cefaleia temporal ou orbicular (disfunção relacionada ao sistema porta-hepático), 56
- Tratamentos nos quadros de regras irregulares, 64
- Tratamento para as gastralgias ou gastrites, 69
- Tratamento para dispneia e patologias dos pulmões, 74
- Tratamento de insônia, 80

Tratamento dos padrões de LER, **85**

Tratamento para algias posteriores e osteopatias, **95**

Osteoesclerose ou traumas da articulação dos joelhos, **111**

Tratamento para labirintite, **117**

Tratamento na Oncologia (padrões diversificados de tumores), **122**

Outras patologias, **131**

Capítulo 3
Métodos de prescrição de tratamento pela Diapsoterapia, 139

Adendum
Musicoterapia associada à técnica de 5 Elementos, 141

Introdução

A diapsoterapia consiste na estimulação vibratória nos pontos de acupuntura por meio de diapasões.

O diapasão em garfo é utilizado como um afinador universal para instrumentos musicais de cordas, tais como: violão, piano, violino, harpa e outros.

O empirismo que me motivou nesta linha de pesquisa para o desenvolvimento desta técnica tem por alicerce os trabalhos de Augusto Weber, criador da primeira técnica conhecida como estimulação de pontos de acupuntura por diapasões acústicos.

Weber em suas pesquisas desenvolveu diapasões específicos em notas diferentes e também diferentes tamanhos e potência (hertz) e observou a resposta neurológica e homeostásica que proporcionava nos tratamentos de diversas patologias.

Seu método (chamado de acutone) consiste em utilizar os diapasões associados à técnica dos 5 Elementos, recorrendo a notas diferentes para cada estimulação em elemento.

Exemplo: Madeira – dó; Fogo – sol; Terra – mi; Metal – ré; Água – lá.

Ninguém discute os benefícios proporcionados pela acupuntura nos tratamentos de diversos males, mas no Ocidente existe uma resistência muito grande quanto ao material empregado: as agulhas, que por mais benéficas que possam parecer, ainda consistem em um estímulo invasivo e desconfortável para muitas pessoas, inclusive para mim.

Há cerca de dez anos estudo métodos que possam substituir as agulhas sem perder os benefícios já estudados e comprovados da arte milenar da acupuntura chinesa.

Neste período, muitas tentativas foram pesquisadas, infelizmente com resultados insatisfatórios que não serão citados aqui por uma questão de ética, pois alguns possuem literatura e são amplamente divulgados no mercado terapêutico.

Talvez isso tenha sido um fator de grande peso e responsabilidade pelos estudos de Weber não obter muita credibilidade no Brasil.

Também os custos altos do material e aprendizagem desta técnica fizeram com que eu empregasse boa parte de meu tempo no desenvolvimento desta técnica de estimulação vibratória por diapasões.

Denominei de diapsoterapia essa técnica de estimulação por diapasões para estabelecer uma diferenciação do modelo de Weber, já que no caso desse pesquisador, as estimulações são produzidas por diferenciação de tons e em minha técnica, as estimulações são produzidas por diferenciação de percussão, direção, giro, cronômetro, como ainda será mais bem explicado.

Esse trabalho pressupõe uma iniciação já bastante avançada na acupuntura. Os termos que utilizarei quanto a esta técnica não serão por isso explicados.

A diapsoterapia teve seu início por meio da divisão de acupontos no sentido de que alguns tinham sido estimulados através de agulhas e outros através de diapasões específicos para afinação de violão (440 hertz de frequência).

A primeira observação que ficou evidente era quanto ao estado emocional e qualidade de sono que esses pacientes tiveram após o emprego da estimulação vibratória nos pontos Yintang e Baihui (VG 20).

Quando tive realmente a certeza que o progresso da terapia vinha da utilização dos diapasões nos acupontos, comecei a desenvolver diapasões específicos para afinação do organismo humano.

Os primeiros protótipos eram de bronze e tinham pouca extensão vibratória (tempo de vibração).

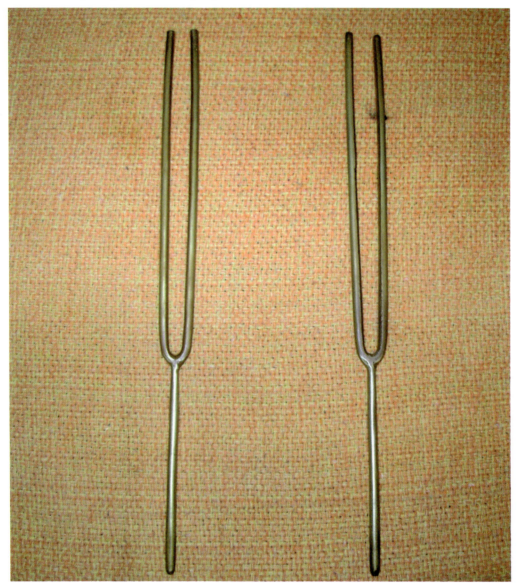

Foto dos diapasões de bronze.

Depois, as necessidades de períodos mais intensos de exposição de vibração no organismo e o aço trefilado mostrou-se mais adequado e substituiu o bronze.

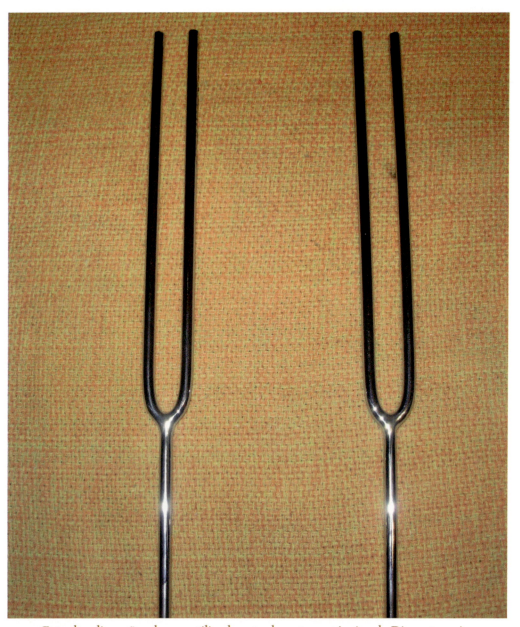
Foto dos diapasões de aço utilizados atualmente na técnica de Diapsoterapia.

Capítulo 1

Padrões de estimulação dos pontos de Acupuntura pelos diapasões

Percussão:

As estimulações dos pontos de Acupuntura serão feitas diferentemente segundo intensidade (não de hertz, mas de intervalos) e frequência percussiva.

Os pontos estimulados de forma sedativa terão percussão rápida e batidas fortes, indicando dispersão.

São aqueles pontos que prescrevemos estarem em excesso, como, por exemplo, os pontos Madeira e Fogo, da técnica de 5 Elementos.

Os acupontos estimulados de forma tonificante terão percussão lenta e batidas fracas, indicando produção.

São aqueles pontos que prescrevemos estarem em deficiência, como, por exemplo, os pontos Terra, Metal e Água, também falando em 5 Elementos.

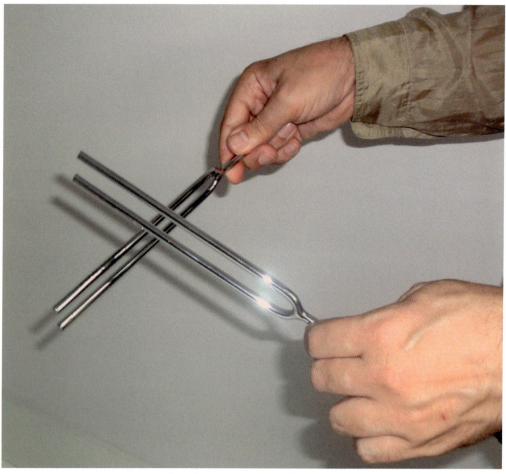

Foto dos diapasões no ato da percussão.

Giro dos diapasões:

Após o toque no acuponto, com o diapasão com pressão moderada, vamos realizar três giros no sentido horário (quando houver necessidade para tonificação) e três giros no sentido anti-horário (quando houver necessidade para sedação), imprimindo movimento de ondas (dado pelo próprio movimento de giro).

Duração dos estímulos:

Utilizamos um cronômetro para temporizar a estimulação, recomendo:

4 (quatro) minutos – com percussões leves e lentas, para tonificação do acuponto;

7 (sete) minutos – com percussões fortes e rápidas, para sedação do acuponto.

Sentido do meridiano (indução de estimulação do meridiano):

As estimulações também serão potencializadas através do direcionamento dos diapasões, sendo feitas da seguinte forma:

A favor do fluxo do meridiano, a estimulação tonifica o meridiano.

Contra o fluxo do meridiano, a estimulação seda o meridiano.

Não significando, com isso, que se refira a sedação ou estimulação do ponto, mas unicamente do meridiano.

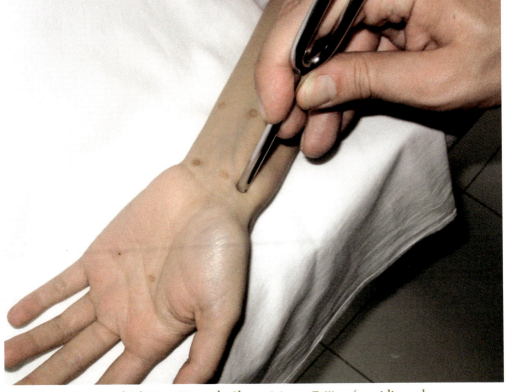

Taiyuan (P9) Yuan Terra do Shoutaiyin ou Feijing (meridiano dos pulmões), no sentido favorável ao fluxo do meridiano.

Exemplos de como realizar a técnica:

Os diapasões deverão ser empregados ao mesmo tempo, ou seja, quando um diapasão estiver estimulando um ponto, por exemplo:

O acuponto **Zusanli** (E36), ponto Ho Terra de estômago, no membro inferior direito, o outro diapasão estará estimulando o ponto **Zusanli** (E36), no membro inferior esquerdo, concomitantemente.

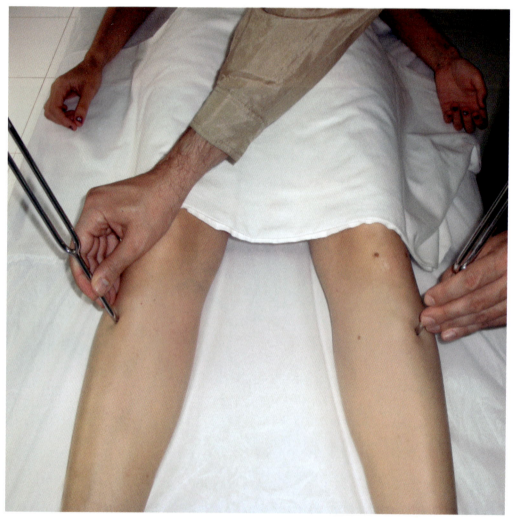

Zusanli (E36) Ho Terra de estômago, sendo estimulado bilateralmente.

Utilizando a técnica de estimulação tonificante, com percussões leves, no sentido do fluxo do meridiano, indicando produção.

Necessitando muita atenção para os padrões de estimulação (percussão, giros, sentido).

Os pontos também poderão ser estimulados por membro:

Ex.: o **Zusanli** (E36) e **Sanyinjiao** (BP6), de meridianos diferentes (estômago e baço/pâncreas), sendo os dois acupontos no mesmo membro e de padrão tonificante, ou o contrário:

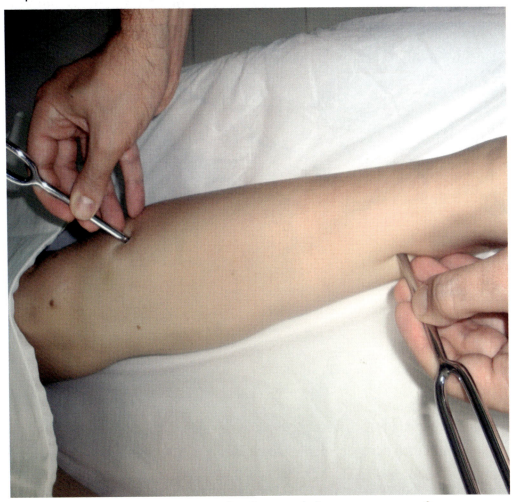

Zusanli (E36) e Sanyinjiao (BP6), estimulados no mesmo membro.

Utilizando a técnica de estimulação tonificante com percussões leves, no sentido do fluxo do meridiano indicando produção.

Ex.: o **Jiexi** (E41) e o **Fenglong** (E40), de mesmo meridiano (estômago), sendo os dois acupontos no mesmo membro e de padrão sedativo.

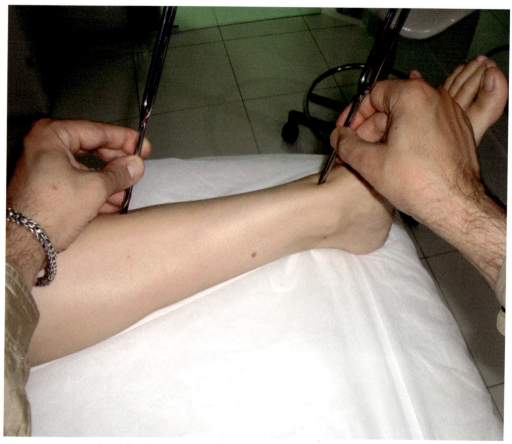

Pontos Jiexi (E41) King Fogo de estômago e Fenglong (E40) ponto Luo do mesmo meridiano, utilizando a técnica de estimulação sedativa com percussões rápidas e fortes indicando dispersão.

Quando o acuponto pertencer a classificação Ting, para meridiano Yin, terá as características do elemento Madeira, responsável pelas emoções mais densas como a raiva, o rancor e o sentimento de vingança.

O sono será agitado, seguido de pesadelos; o paciente poderá sentir fadiga ou dor nos músculos.

Os olhos serão afetados, podendo apresentar vermelhidão ou pouco lubrificados pela diminuição do sistema de desintoxicação e limpeza dos olhos.

O órgão de choque será o fígado e seu trabalho de depuração sanguínea também será comprometido.

Problemas relacionados com a menstruação também estão ligados com esse elemento, e muitos padrões de enxaqueca temporal.

O surgimento de inflamações também pode estar associado com o desequilíbrio deste elemento.

A percussão pode ser rápida e forte, por exemplo, no sistema canal unitário, dispersando os pontos:

Dadun (F1) e **Zhongchong** (CS9), ambos Ting Madeira.

O sentimento de raiva, com o passar do tempo, traz insegurança e medo (emoção correspondente ao elemento mãe de Madeira que é Água). Podendo também estimular os pontos de forma tonificante para os elementos Metal e Água no sistema canal unitário de meridiano Yang do mesmo elemento, ou seja:

Zuquiaoyin (VB44) e **Xiaxi** (VB43) Ting Metal e Yong Água respectivamente, do Elemento Madeira, pois Zushaoyang ou Danjing meridiano de vesícula biliar, e o meridiano Yang do elemento madeira.

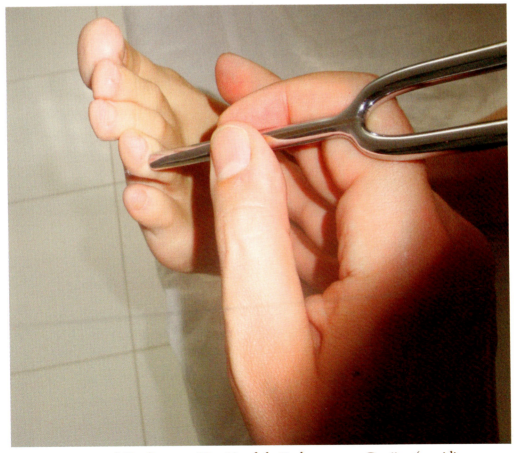

Zuquiaoyin (VB44), ponto Ting Metal do Zushaoyang ou Danjing (meridiano de vesícula biliar), localizado no ângulo ungueal lateral do quarto artelho.

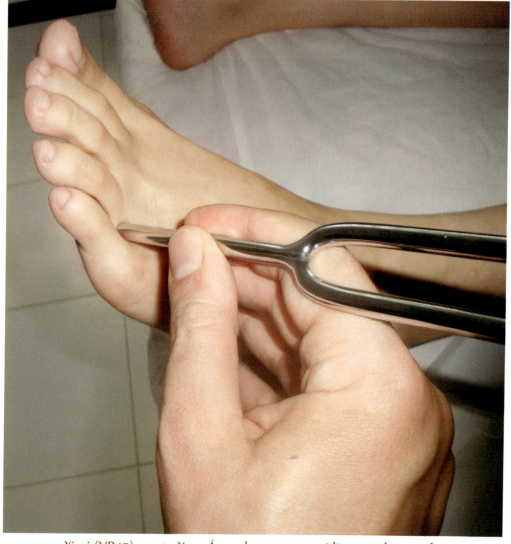

Xiaxi (VB43), ponto Yong Água do mesmo meridiano, ambos sendo estimulados em tonificação (percussão, giros, direção e tempo).

E, por sua vez, estabilizar o canal unitário sendo os pontos:

Guanchong (TA1) e **Yemen** (TA2) Ting Metal e Yong Água, respectivamente, do sistema canal unitário, utilizando estimulação tonificante (percussão, giros, direção e tempo).

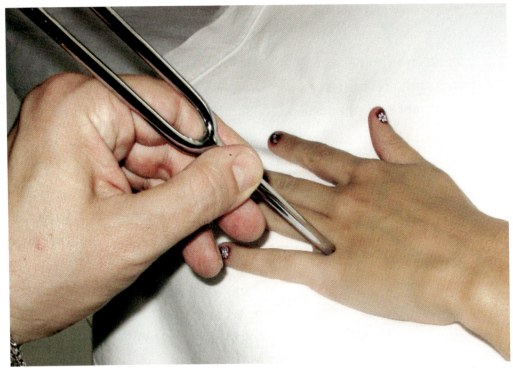

Yemen (TA2), ponto Yong Água do Shoushaoyang ou Sanjiaojing (meridiano de triplo aquecedor), localizado na intersecção do quarto e quinto metacarpos.

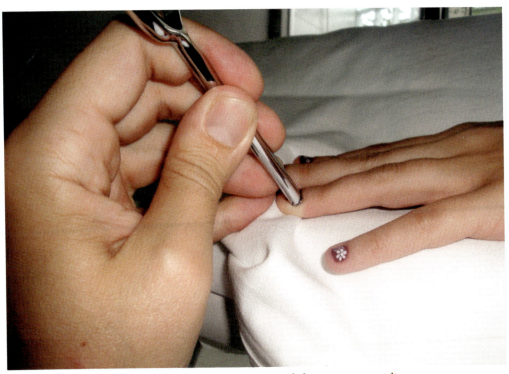

Guanchong (TA1), ponto Ting Metal do mesmo meridiano, localizado no ângulo ungueal lateral do quarto metacarpo.

A percussão neste caso terá espaços mais longos de tempo e suas batidas serão mais fracas, induzindo a produção.

O meridiano Shoushaoyang ou Sanjiaojing (meridiano de triplo aquecedor) trafega pelo córtex temporal, podendo apresentar ótimos resultados nos casos de cefaleia temporal por desequilíbrio de Madeira.

Outro elemento pode ser citado no tipo de estímulo de percussão sedativa, sendo ele o elemento Fogo:

Sua emoção respectiva é a ansiedade ou euforia; pessoas insatisfeitas com o que possuem, precisando de muito entretenimento para manter seu instinto de muitos desejos sob controle, o que posterior e fatalmente entrará em colapso.

Esse padrão de comportamento é muito arriscado quando esse iótipo se fecha em seu mundo de muitas palavras e poucos ouvidos, necessitando sempre de muita autoafirmação para uma tentativa inútil de diminuir seus próprios fracassos.

Mas também podem ser grandes em seus projetos quando seguem suas metas e empregam a ansiedade em suas próprias criações, mantendo a paciência das etapas ultrapassadas posteriormente.

Aqui entramos no universo das compulsões.

Podem ser extremistas de um ponto de vista, propensos a disfunções cardiovasculares como, por exemplo, a hipertensão arterial, angina e tendências aos vícios do álcool e cigarro.

Ainda nestes casos podemos utilizar a técnica de percussão sedativa nos acupontos:

Laogong (CS8) Yong Fogo e **Xingjian** (F2) Yong fogo seguindo a técnica de canal unitário.

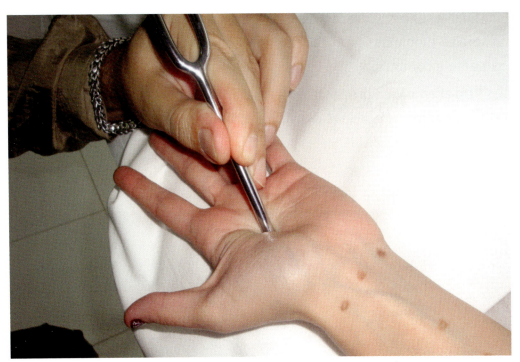

Laogong (CS8), ponto Yong Fogo do Shoujueyin ou Xinbaojing (meridiano de circulação sexo), localizado na palma da mão, em que a ponta do dedo médio encosta quando os dedos estão fletidos.

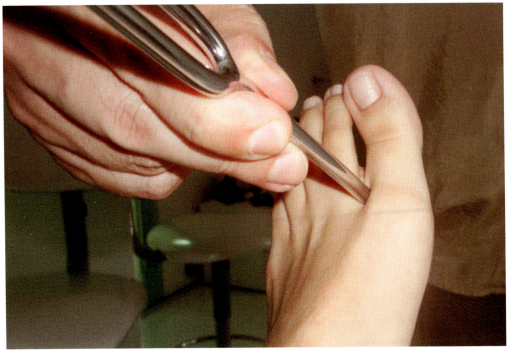

Xingjian (F2), ponto Yong Fogo do Zujueyin ou Ganjing (meridiano de fígado), localizado na intersecção do hálux com o segundo artelho, formando assim a conexão de canal unitário.

O emprego dos diapasões de forma dispersiva nesses pontos possui um efeito de diminuição de ansiedade, podendo até serem utilizados no combate à compulsão.

Um exemplo de proposta de tratamento no caso da compulsão alimentar utilizando os diapasões de forma tonificante, ou seja, percussão lenta e suave nos pontos.

Shenmen (C7) Yuan Terra e **Daling** (CS7) Yuan Terra do acoplamento de 5 Elementos.

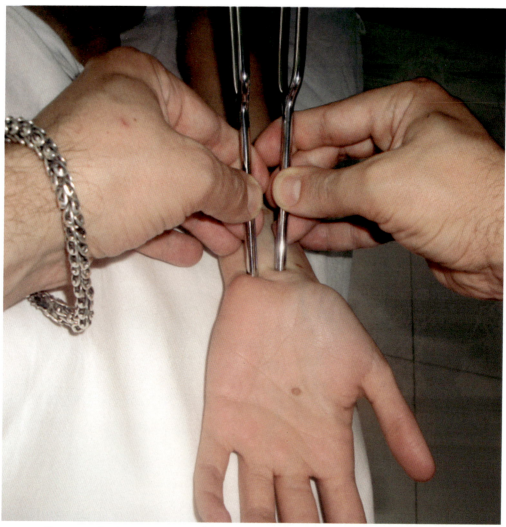

Shenmen (C7), ponto Yuan Terra do Shoushaoyin ou Xinjing (meridiano de coração), localizado na articulação anterior do punho, à frente do osso pisiforme e Daling (CS7), ponto Yuan Terra do Shoujueyin ou Xinbaojing (meridiano de circulação sexo), localizado próximo ao Shenmen, entre os tendões longo e curto do músculo palmar, pontos estimulados ao mesmo tempo.

Ou o controle dos níveis de ansiedade, com o controle dos sistemas de excreção pela diurese, utilizando a forma de estimulação tonificante dos pontos:

Shenmen (C7) Yuan Terra e **Taixi** (R3) Yuan Terra do acoplamento de canal unitário.

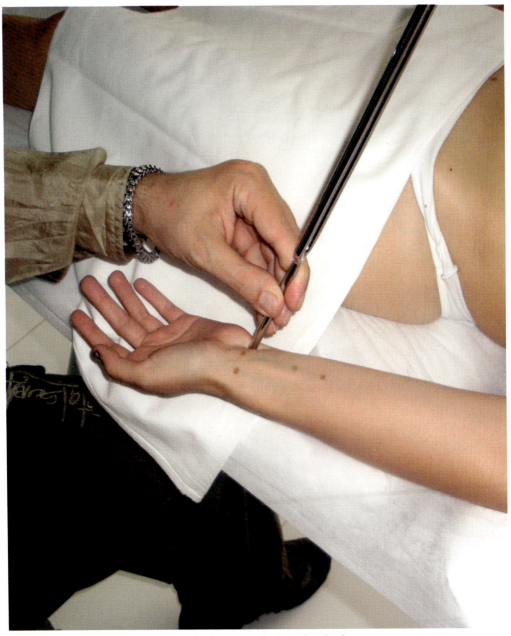

Shenmen (C7), estimulado individualmente.

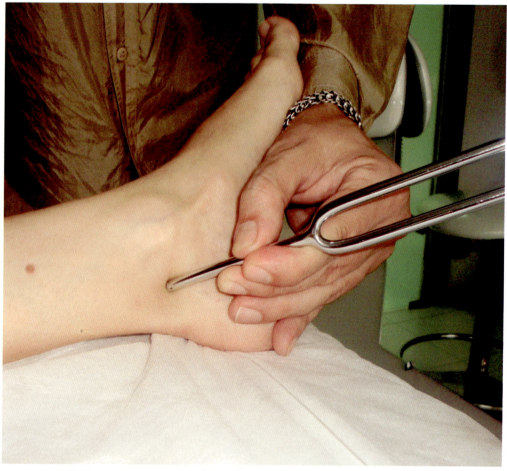

Taixi (R3), ponto Yuan Terra do Zushaoyin ou Shenjing (meridiano dos rins), localizado a meia distância entre o maléolo interno e o tendão calcâneo, utilizando a técnica de estimulação tonificante (percussão, giros, direção e tempo).

Existem muitas possibilidades de tratamento para cada perfil patológico em questão, sendo sempre dividido o raciocínio entre os sistemas sedados e tonificados.

Outras observações também se fazem necessárias como a capacidade de síntese na abordagem do problema, pela perspectiva do paciente, ou seja, a capacidade dele explicar a doença, cuja atenção com o tom de voz, expressão do olho, auxilia-nos a determinar a natureza do paciente (inibido, extrovertido, rancoroso, divertido, etc.).

As tendências psicológicas do paciente também denunciam as tendências patológicas que ele poderá vir a ter no futuro, ou mesmo os fatores agravantes da enfermidade já instalada.

Continuando nossa abordagem terapêutica relacionada à compulsão, vamos citar males que afetam muitas pessoas no mundo todo, que são o tabagismo e o alcoolismo.

A estimulação sedativa dos pontos:

Yuji (P10) Yong Fogo Shoutaiyin ou Feijing (meridiano dos pulmões) e do ponto **Zhongfu** (P1) ponto Mo do mesmo meridiano. Este último também podendo ser tonificado.

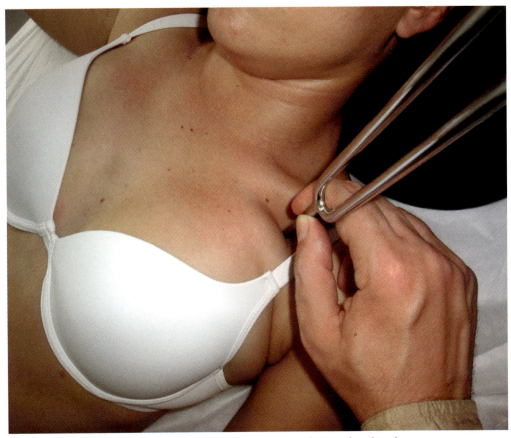

Zhongfu (P1), ponto Mo do meridiano dos pulmões, localizado no espaço intercostal, entre a primeira e segunda costelas, próximo da clavícula.

Outros acupontos que podemos citar neste caso são:

Taiyuan (P9) Yuan Terra do meridiano Shoutaiyin ou Feijing (meridiano dos pulmões), e **Shenmen** (C7) Yuan Terra do meridiano Shoushaoyin ou Xinjing (meridiano de coração), reequilibrando o ciclo Ko Fogo-Metal na técnica de 5 Elementos, ambos os pontos utilizando a técnica de estimulação tonificante (percussão, giros, direção e tempo).

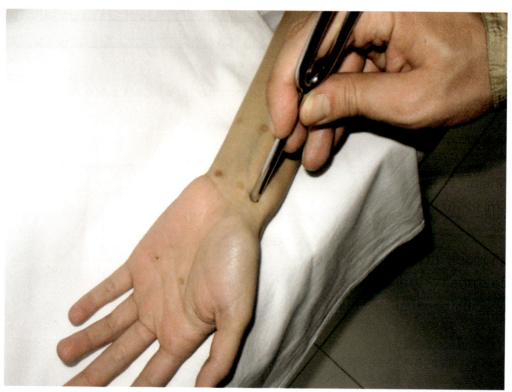
Taiyuan (P9), ponto Yuan Terra e ponto de tonificação do meridiano dos pulmões.

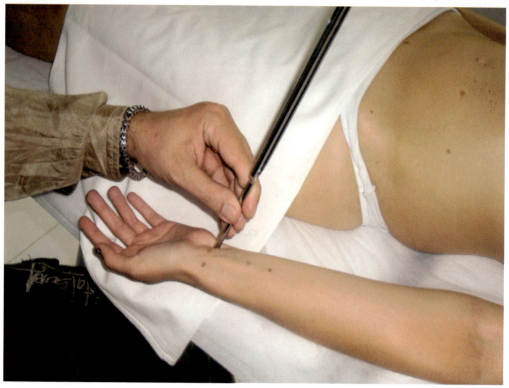
Shenmen (C7), ponto Yuan Terra do meridiano Shoushaoyin ou Xinjing.

Já nesses pontos a estimulação deve ser tonificante, favorecendo a energia no autocontrole da mente, para aumentar a força de vontade no processo de abstinência.

Outros pontos também devem ser empregados para sintomatologia, como:

Zusanli (E36) Ho Terra do Zuyangming ou Weijing (meridiano de estômago) de forma tonificante para o reequilíbrio da parte gastrintestinal, e o ponto **Zhongwan** (VC12), ponto Um do estômago, a meia distância entre a cicatriz umbilical e final do processo xifoide, também de forma tonificante para o fortalecimento desta conexão.

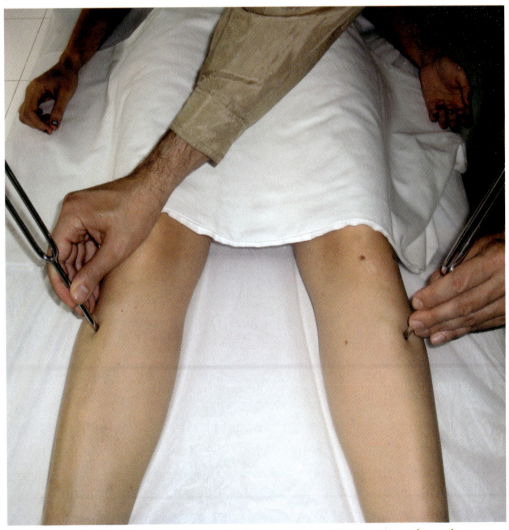

Zusanli (E36), ponto Ho Terra do Zuyangming ou Weijing (meridiano de estômago), localizado abaixo e lateral da tuberosidade anterior da tíbia.

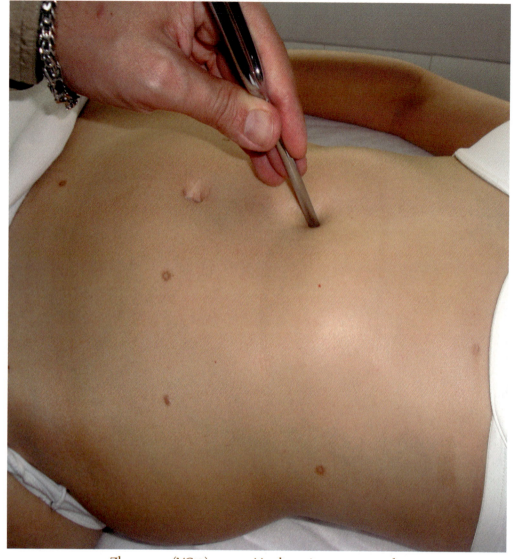

Zhongwan (VC12), ponto Mo de estômago, ponto de afloramento energético da víscera estômago.

Contudo, a disciplina e o autocontrole serão fatores que aumentarão as possibilidades de êxito no processo de abstinência desses males.

Outros perfis patológicos em que é muito comum a utilização dos acupontos **Shenmen** (C7) Yuan Terra, **Daling** (CS7) Yuan Terra, **Yintang** e **Baihui** (VG20) situados na cabeça, referem-se a síndrome do pânico, depressão ou surtos de ansiedade.

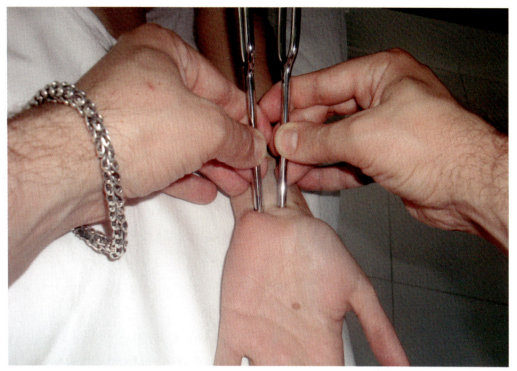

Shenmen (C7) e Daling (CS7), sendo estimulado em tonificação ao mesmo tempo.

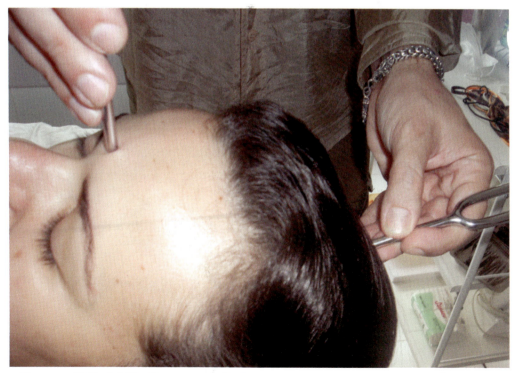

Yintang e Baihui (VG20), pontos muito importantes para proporcionar o relaxamento e diminuição de ansiedade, localizados no córtex frontal entre a sobrancelhas e acima e no topo da cabeça entre as orelhas (tubérculo de Darwin).

Hoje, com o ritmo de vida desenfreado das grandes metrópoles e a dificuldade entre os relacionamentos, casamentos, entre os parceiros de trabalho ou problemas familiares de diversas origens, muitas pessoas vivenciam esses padrões emocionais danosos.

Quem pode dizer hoje que não convive com alguém na família, no trabalho, nos círculos de amizade que não toma ou nunca tomou ansiolíticos ou os famosos antidepressivos, vastos no mercado farmacológico?

A Diapsoterapia vem se mostrando um forte recurso na reabilitação dessas pessoas, que muitas vezes mascaram o problema com esses métodos alopáticos, por não fazerem uma ressignificação de diversos conceitos em suas vidas.

Além da estimulação vibratória, outro recurso que pode ser empregado com resultado muito eficaz é a musicoterapia.

A musicoterapia tem por base a exteriorização de distúrbios psíquicos não identificados pelo paciente, através de sons ou melodias.

Pode ser empregada nos Chakras (centros de energia que estão dispostos em diversas regiões do nosso corpo, proporcionando vitalidade nos sistemas orgânicos), ou apenas pelo córtex auditivo ou sistema vestibular.

A vantagem desse segmento é que esses desbloqueios psíquicos acontecem de forma natural, sem o recurso da fala (indução hipnótica), podendo trazer problemas do subconsciente se não feito com critério.

A musicoterapia aliada à estimulação vibratória reabilita de uma maneira rápida nesses casos, porque este trabalho induz o autoconhecimento de uma forma muito sutil.

Outros acupontos também serão acionados visando a reestruturação da sintomatologia causada pela depressão, tais como:

Falta de ar (dispneia) e taquicardia **Taiyuan** (P9) estimulação tonificante.

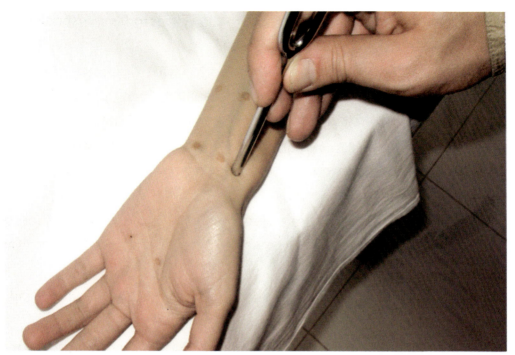

Taiyuan (P9), ponto Yuan Terra e ponto de tonificação do meridiano Shoutaiyin ou Feijing, localizado na articulação anterior do punho sobre a artéria radial.

Insônia **Lidui** (E45) Ting Metal estimulação tonificante.

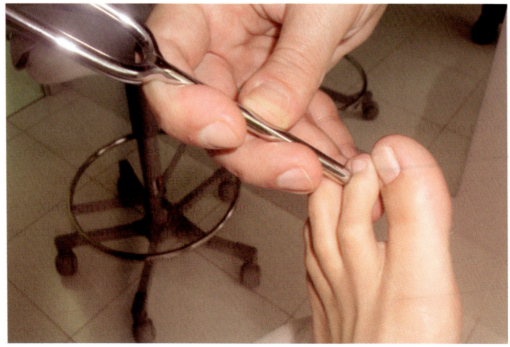

Lidui (E45), ponto Ting Metal do meridiano Zuyangming ou Weijing (meridiano de estômago), localizado no ângulo ungueal lateral do segundo artelho.

Diminuição acentuada de apetite **Zusanli** (E36) Ho Terra, estimulação tonificante.

Na técnica de 5 Elementos, a síndrome do pânico é diagnosticada como um desequilíbrio do ciclo Ko (Água não controlando Fogo), por isso pontos do rim também podem ser muito úteis nesses casos.

Taixi (R3) Yuan Terra, estimulação tonificante – para controlar o medo.

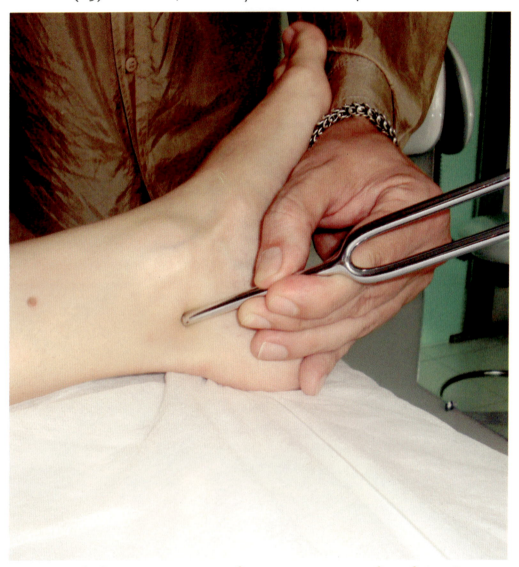

Taixi (R3), ponto muito empregado para promover a circulação de Jing-Qi (energia hereditária e da fertilidade) e Jin-Ye (energia dos líquidos corpóreos).

Xiaxi (VB43) Yong Água, estimulação tonificante – controle do medo e falta de coragem para tomar decisões.

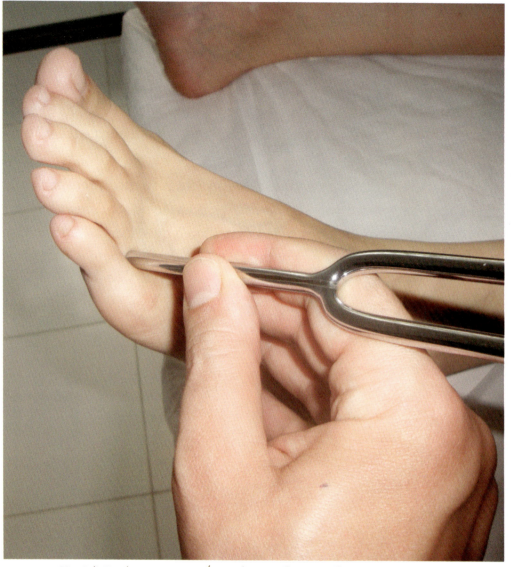

Xiaxi (VB43), ponto Yong Água do meridiano Zushaoyang ou Danjing (meridiano de vesícula biliar), localizado na intersecção entre o quarto e quinto artelhos, este ponto é ponto de tonificação deste meridiano.

Zubin (R9) 5 tsun acima do **Taixi** (R3) – para o descontrole do esfíncter originado do medo ou indecisão.

O prognóstico mais elevado da síndrome do pânico também é conhecido como Agorafobia (medo de espaços abertos), na qual a pessoa se exclui do convívio social, não saindo mais de casa para nada, nem para as coisas normais do cotidiano como ir ao supermercado, farmácia, festas ou até mesmo trabalhar.

Nesses casos pode-se necessitar também a utilização de terapias complementares (homeopatia, alopatia, psicanálise, etc.) para o restabelecimento do indivíduo de forma mais rápida.

Também é muito comum a tendência do paciente à hipocondria, pois a presença de dores no corpo todo aumenta a possibilidade da construção de outros sistemas comprometidos, formando um quadro sistêmico de enfermidades.

Isso também colabora para que esses pacientes se encontrem sozinhos, abandonados até mesmo por seus familiares, pois são pouco compreendidos pelas outras pessoas, que por sua vez imaginam que esses se entregaram à doença, não tendo força de vontade para lutar contra este processo de degeneração mental em que se encontram.

Capítulo 2

Tratamentos

Edema de godê e comprometimento da circulação linfática

Outro caso muito comum tratado na Diapsoterapia é o inchaço de m.m.i.i. (membros inferiores) ou godê positivo como chamam na classe médica.

Nesses casos, sempre levamos em consideração as áreas afetadas. Por exemplo:

Parte medial da perna ou lateral ou ainda o membro todo.

Isso ocorre porque onde houver o comprometimento linfático podemos afirmar que os meridianos que irrigam aquela determinada região estarão comprometidos de alguma forma.

As regiões mais comuns de inchaço são:
- Tornozelos na região medial e lateral;
- Nas proximidades da articulação dos joelhos;
- Na região dorsal dos pés.

O Qi (energia vital) estagna-se e não pode controlar a circulação da linfa, líquido sinovial e outras substâncias comuns na manutenção do sistema excretor ou de depuração sanguínea.

Devido a esta estagnação, geralmente utilizamos os acupontos também de maneira tonificante, podendo ser acionados os acupontos:

Sanyinjiao (BP6), acuponto de reunião dos 3 meridianos yin do pé (R,F. BP), ponto muito utilizado na acupuntura por proporcionar um estímulo nos 3 meridianos yin dos pés.

Este ponto pode ser associado ao acuponto **Yinlingquan** (BP9) Ho Água do Zutaiyin ou Pijing (meridiano de baço pâncreas), frequentemente utilizado nas disfunções menstruais e disfunções geniturinário do organismo masculino.

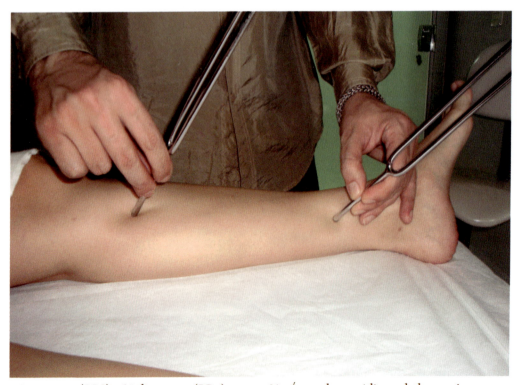

Sanyinjiao (BP6) e Yinlingquan (BP9), ponto Ho Água do meridiano de baço pâncreas, localizado abaixo do côndilo medial da tíbia, sendo estimulados simultaneamente.

Outros acupontos de extrema importância neste caso, são:

Taixi (R 3) Yuan Terra por proporcionar o transporte do Jin-Ye (energia dos líquidos corpóreos).

Taibai (BP 3), Yuan Terra, também responsável pela mesma função, nesse caso especificamente falando.

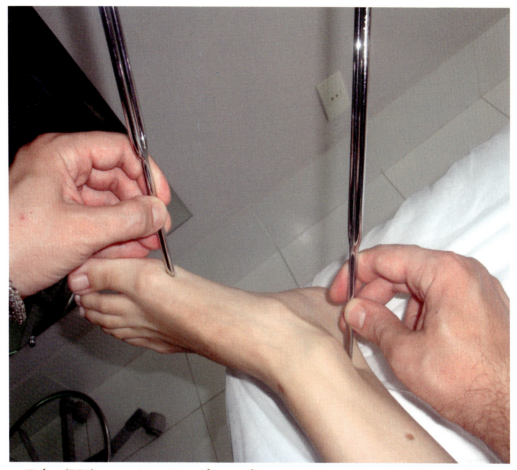

Taibai (BP3), ponto Yuan Terra do meridiano Zutaiyin ou Pijing (meridiano de baço pâncreas), localizado na região medial do pé, atrás da articulação do hálux, e o Taixi (R3), sendo estimulados ao mesmo tempo, utilizando a técnica de tonificação dos diapasões.

Todos esses acupontos podem promover a circulação correta do sistema linfático. No entanto, também não podemos esquecer as possibilidades de acupontos em sedação para diminuir as áreas edemaciadas, como por exemplo:

Kulun (B 60), King Fogo do meridiano Zutaiyang ou Panguangjing (meridiano de bexiga), utilizando estimulação sedativa.

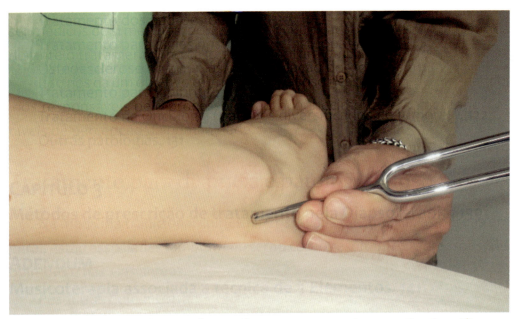

Kulun (B60), ponto King Fogo do meridiano Zutaiyang ou Panguangjing (meridiano de bexiga), localizado a meia distância, entre o maléolo lateral e o tendão calcâneo.

Da mesma forma, também podemos usar estimulação sedativa nos pontos de classificação Luo (pontos de conexão), sendo eles:

Feiyang (B 58), ponto Luo e **Dazhong** (R 4), também da mesma classificação.

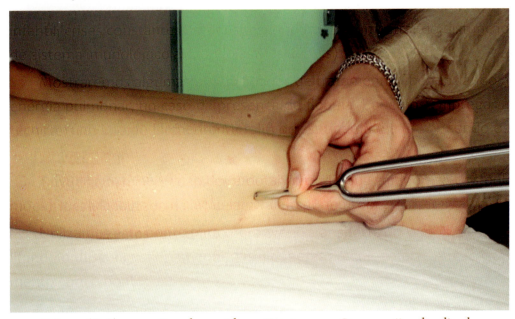

Feiyang (B58), ponto Luo do meridiano Zutaiyang ou Panguangjing, localizado sete tsun acima do Kulun (B60), utilizando a técnica de estimulação sedativa.

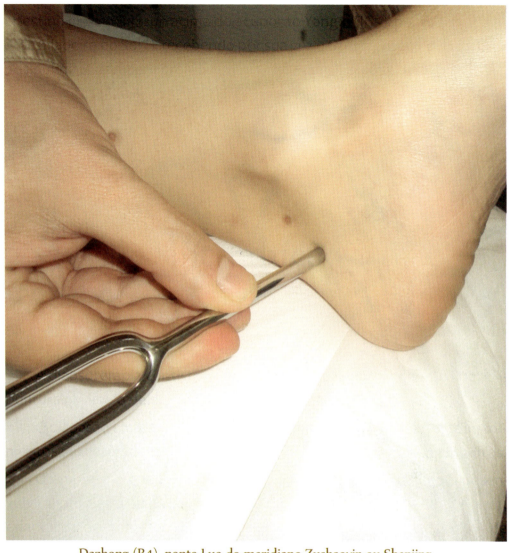

Dazhong (R4), ponto Luo do meridiano Zushaoyin ou Shenjing, localizado a meia polegada abaixo e atrás do Taixi (R3).

Em conexão com os acupontos:

Taixi (R 3), Yuan Terra do Zushaoyin ou Shenjing (meridiano dos rins), seguindo a técnica Yuan/Luo – **Taixi** (R3)/ **Feiyang** (B 58).

Jinggu (B 64), Yuan do Zutaiyang ou Panguangjing (meridiano de bexiga), seguindo a técnica Yuan/Luo – **Jinggu** (B 64) / **Dazhong** (R 4).

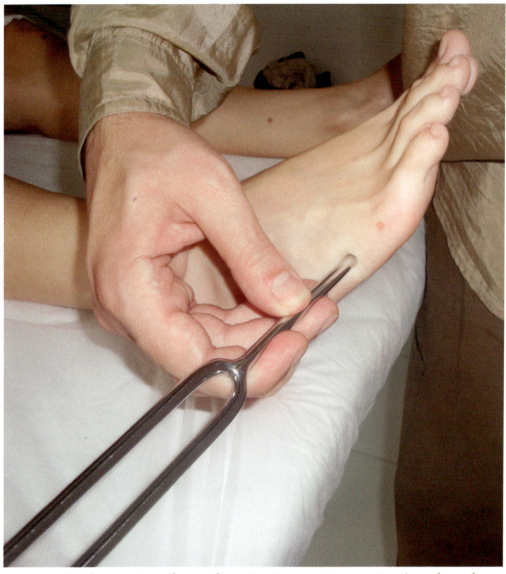

Jinggu (B64), ponto Yuan do meridiano Zutaiyang ou Panguangjing (meridiano de bexiga), localizado na região lateral do pé, um tsun atrás da articulação do quinto artelho.

Nesses casos, utilizamos estimulação tonificante nos acupontos de classificação Yuan e estimulação sedativa nos acupontos de classificação Luo.

Outro perfil de tratamento pode ser muito eficaz na contenção e drenagem do edema, mesma técnica Yuan/Luo, utilizada nos meridianos do elemento Terra, sendo eles:

- **Taibai** (BP 3), Yuan Terra, tonificado.
- **Fenglong** (E 40), Luo, sedado.

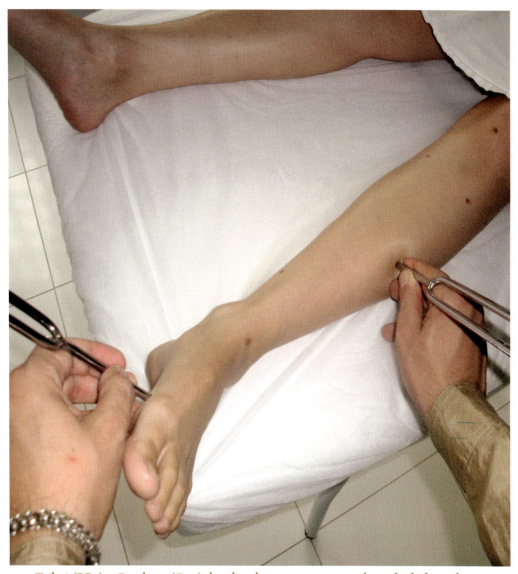

Taibai (BP3) e Fenglong (E40), localizado oito tsun acima do maléolo lateral e na frente, ambos estimulados ao mesmo tempo, embora um tonificado (BP3) e o outro sedado (E40); a direção e os giros modificam o tempo e a percussão que podem ser estabelecidos em quatro minutos de percussão moderada (entre a tonificação e sedação).

Ou

- **Chongyang** (E 42), Yuan, tonificado.
- **Gongsun** (BP 4), Luo, sedado.

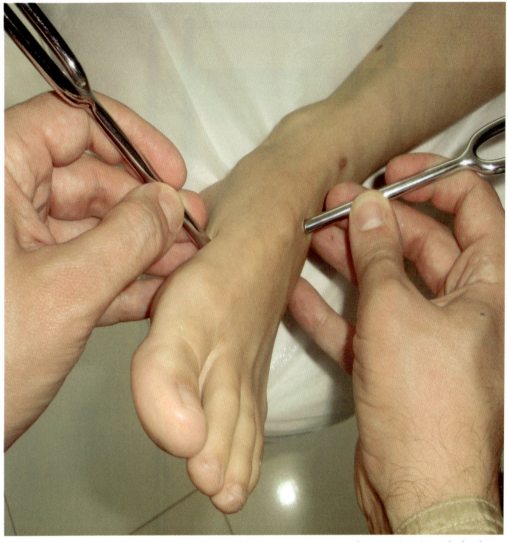

Chongyang (E42), localizado no dorso do pé 1,5 tsun acima do Jiexi (E41), ao lado da artéria pediosa, e o Gongsun (BP4), localizado 1 tsun à frente do Taibai (BP3) numa depressão, utilizando a mesma forma de estimulação descrita no exemplo anterior.

Embora o primeiro exemplo tenha mostrado melhor resultado.

O importante é ressaltar que na técnica de 5 Elementos, os pontos do Elemento Terra auxiliam o transporte de Jin-Ye, melhorando a circulação linfática, diminuindo a sensação de peso nas pernas e também diminuindo as dores.

Os pontos, quando em sua classificação King, no caso dos meridianos yang, pertencentes ao Elemento Fogo, possuem uma ação analgésica.

Ainda utilizando os meridianos que formam o Elemento Terra, citaremos uma patologia que também mostra uma particularidade muito semelhante ao edema de godê, mas em outra região, que é o edema de face, podendo ser tratado utilizando os mesmos meridianos pertencente ao Elemento Terra, ou seja, meridiano de estômago e meridiano de baço-pâncreas.

A Diapsoterapia também possui excelentes resultados nesses casos, diminuindo o inchaço, tirando a sensação de dor e congestionamento em pouco tempo.

Tratamento no edema de face

Neste caso, podemos empregar a técnica de pontos locais e distais dentro da técnica de 5 Elementos.

Também associamos o efeito extremidade na elaboração dos pontos escolhidos, lembrando que o efeito extremidade é aquele cujo raciocínio ocorre quando estimulamos a extremidade de um meridiano, ou seja, o ponto Ting, temos uma resposta mais acentuada na outra extremidade do meridiano e quando estimulamos os pontos King ou Ho, a resposta também está mais distal à extremidade oposta.

Logo, escolhendo os pontos relacionados a 5 Elementos dos meridianos correspondentes a face, podemos privilegiar:

Neiting (E 44), Yong Água do Zuyangming ou Weijing (meridiano de estômago) para melhorar a circulação dos líquidos estagnados na face, relação do efeito extremidade associado à técnica de 5 Elementos, utilizando a técnica de estimulação tonificante (percussão, giros, direção e tempo).

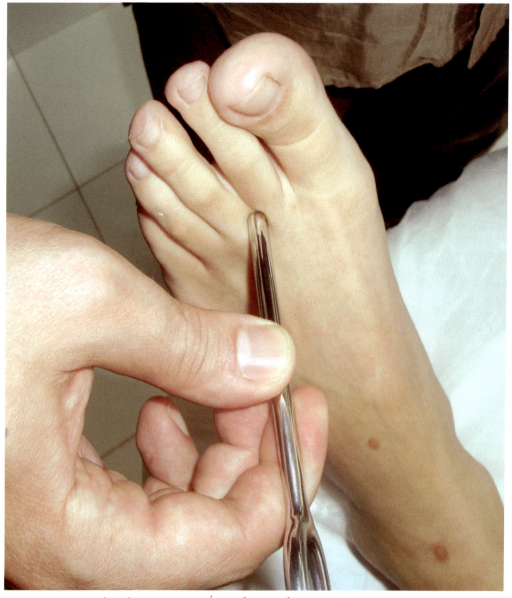

Neiting (E44), ponto Yong Água do meridiano Zuyangming ou Weijing (meridiano de estômago), localizado na intersecção do segundo e terceiro artelhos, empregado no edema de face para promover a circulação de Qi estagnado.

Podemos prescrever o ponto local:

Yingxiang (IG 20), realizando a técnica de canal unitário:

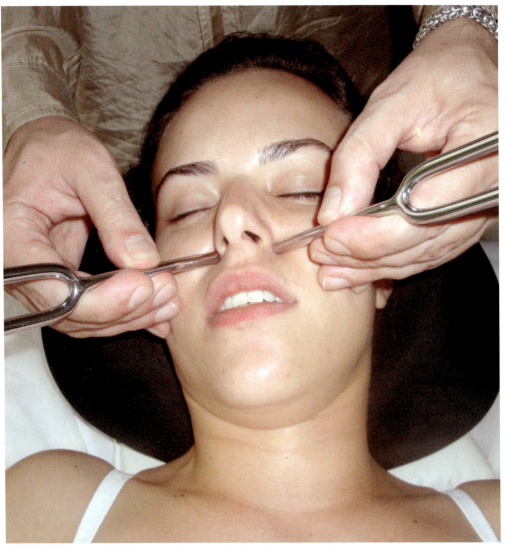

Yingxiang (IG20) "recepção do aroma", localizado lateral ao arqueamento da asa do nariz, utilizando a técnica de estimulação sedativa para dispersar o Qi estagnado.

Zu/Shou – Yangming ou Yangming da mão e do pé (E / IG).

Outro ponto importante que pode ser associado em M.M.S.S. é o ponto **Hegu** (IG 4), Yuan do Shouyangming ou Dashangjing (meridiano de intestino grosso), utilizando a técnica de estimulação tonificante (percussão, giros, sentido e tempo).

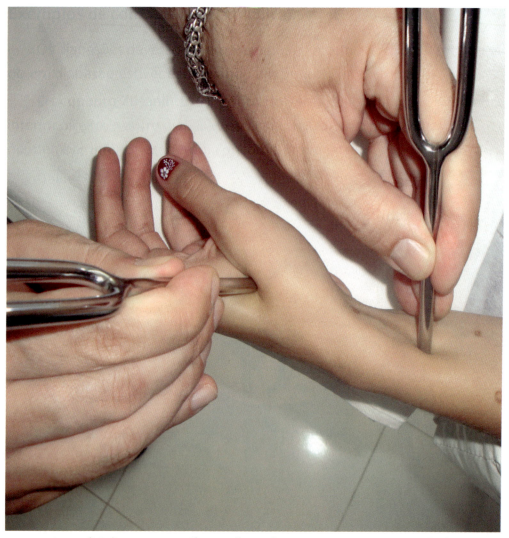

Hegu (IG4), ponto Yuan do meridiano de intestino grosso e Lieque (P7), ponto Luo do meridiano dos pulmões, fazendo o acoplamento Yuan/Luo desse sistema (P/IG). Note que o acuponto Hegu está sendo tonificado e o Lieque sedado, utilizando os critérios já mencionados anteriormente, o sentido e giros diferentes, percussão moderada (entre tonificação e sedação), e tempo de quatro minutos de estimulação para ambos os acupontos.

Este acuponto também pertence à técnica dos Quatro Portões Maiores sendo eles:

Hegu (IG 4), associado ao ponto **Taichong** (F3).

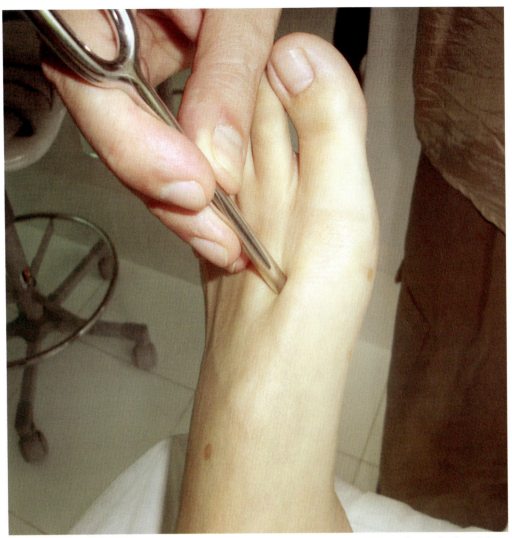

Taichong (F3), ponto Yuan do meridiano Zujueyin ou Ganjing (meridiano de fígado), localizado a frente do ponto de junção do hálux e segundo artelho, utilizando a técnica de estimulação tonificante (percussão, giros, sentido e tempo).

Outros pontos locais podem trazer um bem-estar mais rapidamente, como os pontos:

Yintang e **Jiache** (E6) localizado na parte média ventral do m. masseter, próximo ao processo angular e osso zigomático.

Jiache (E6), ponto utilizado na desobstrução do Qi estagnado na face, utilizando a técnica de sedação (percussão, giros, sentido e tempo).

Abordaremos agora os distúrbios de acordo com as possibilidades de conexões entre os meridianos citados, embora esta rede de muitas possibilidades sempre agregue um conceito sistêmico no que diz respeito ao benefício, podendo, patologicamente falando, tratar situações muito diversificadas na visão da medicina ocidental.

Tratamento da nevralgia do trigêmeo

Outra patologia muito comum associada a padrões de cefaleia temporal é a nevralgia do trigêmeo. Esta disfunção também é muito expressiva dentro dos tratamentos da Diapsoterapia, obtendo resultados surpreendentes na diminuição acentuada das dores.

Fatores como problemas relacionados a ATM (articulação têmporo-mandibular) podem comprometer o nervo trigêmeo, tirando do paciente a capacidade de observação das regiões afetadas, pois relata na maioria dos casos, a presença de dor intensa difusa por toda cabeça, trazendo um sofrimento atroz ao paciente.

Nesses casos, o emprego da técnica de canal unitário apresenta excelente resultado, sendo as melhores possibilidades:

Zu/Shou – Chaoyang (VB/TA) – nas conexões dos acupontos locais, a seguir:

Fengchi (VB20), situado na extremidade inferior do osso occipital próximo à base do músculo cleidocervical.

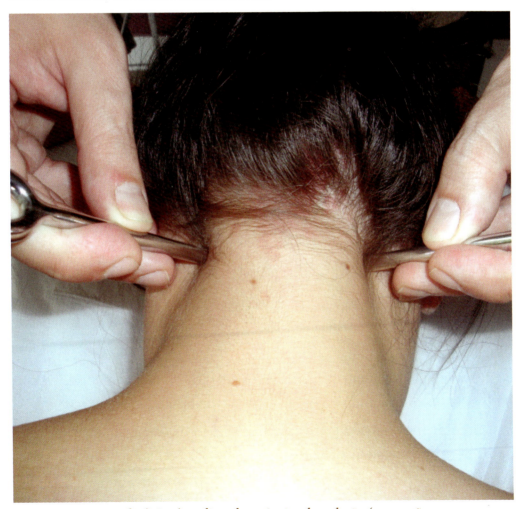

Fengchi (VB20), utilizando a técnica de sedação (percussão, giros, sentido e tempo) para eliminar a síndrome dolorosa.

Associado ao acuponto **Ermen** (TA21), traduzido como Portal do Ouvido, localizado no sulco rostral da extremidade do trago, na altura do processo zigomático do osso temporal.

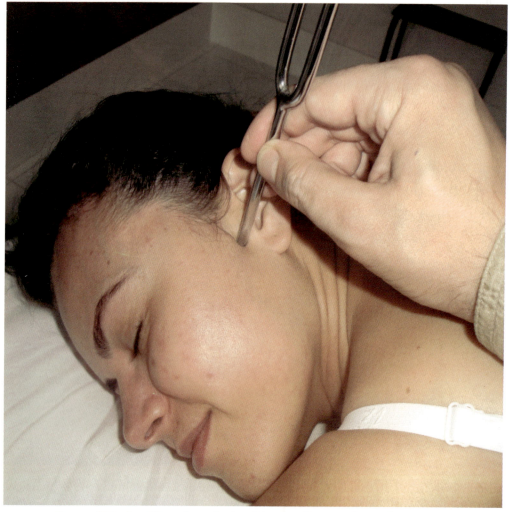

Ermen (TA21), utilizando a técnica de estimulação sedativa (percussão, giros, sentido e tempo) para promover analgesia do processo doloroso.

Esta junção de pontos, utilizando a técnica de canal unitário, trará a harmonia do córtex auditivo ou do sistema vestibular.

Outras conexões podem ser empregadas com bons resultados, utilizando os pontos distais em 5 Elementos, dentro da técnica de canal unitário, sendo eles:

Tonggu (B66), Yong Água do Zutaiyang ou Panguangjing (meridiano de bexiga), associado ao ponto:

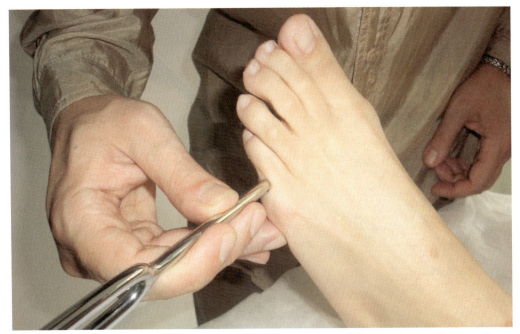

Tonggu (B66), ponto Yong Água, localizado na região lateral do pé à frente da articulação do quinto artelho, utilizando a técnica de tonificação (percussão, giros, sentido e tempo).

Qiangu (ID2), Yong Água do Shoutaiyang ou Xiaoshangjing (meridiano de intestino delgado).

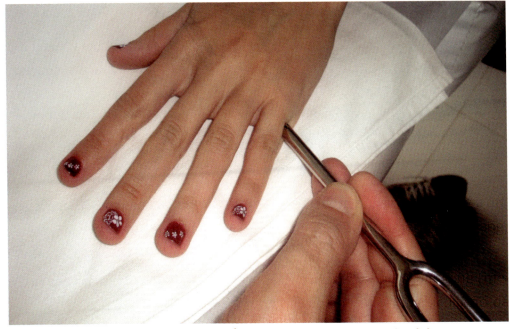

Qiangu (ID2), ponto Yong Água, localizado na região cubital da mão à frente da articulação do dedo mínimo, utilizando a técnica de tonificação (percussão, giros, sentido e tempo).

Esses pontos harmonizarão o fluxo dos líquidos do ouvido na técnica de 5 Elementos, associados à técnica de canal unitário:

Zu/Shou – Taiyang (B/ID) acoplados entre si (M.M.I.I. e M.M.S.S.)

Tratamento para cefaleia temporal ou orbicular (disfunção relacionada ao sistema porta-hepático)

As mulheres são com certeza as mais afetadas nesses casos, devido à complexidade do sistema hormonal e menstrual.

Em muitos casos, ouvimos as queixas da impossibilidade de exposição a luz, necessitando a paciente permanecer no escuro para poder sentir um pseudoalívio.

Este é, sem dúvida, outro problema muito comum tratado pela Diapsoterapia e também pela acupuntura tradicional.

O acoplamento de canal unitário entre os meridianos também é indicado nesses casos:

Zu/Shou – Chaoyang (VB/ TA) para harmonizar o córtex temporal ou auditivo, pois ambos meridianos trafegam nessa área.

Outro exemplo: podemos associar à técnica de 5 Elementos na escolha de pontos distais, ou também utilizar o ponto de conexão que por sua vez, dissipa o Qi estagnado, pois movimenta-o para o meridiano acoplado em 5 Elementos, neste caso o meridiano de fígado, sendo eles:

Xiaxi (VB43) Yong Água do Zushaoyang ou Danjing (meridiano de vesícula biliar), restabelecendo o córtex temporal e o Qi do Elemento Água (influencia a audição).

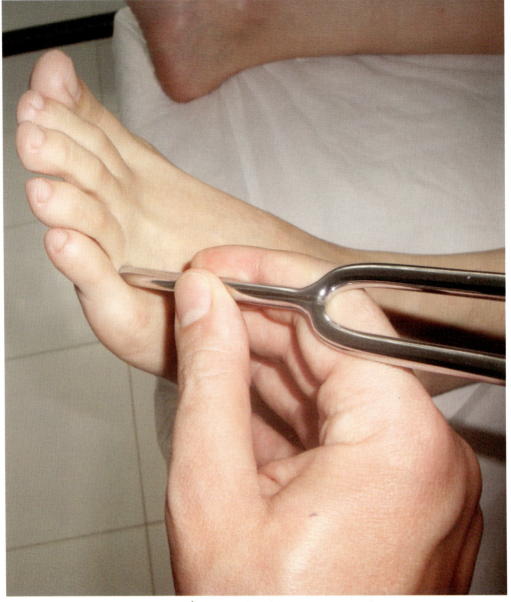

Xiaxi (VB43), ponto Yong Água, localizado na intersecção do quarto e quinto artelhos, utilizando a técnica de tonificação (percussão, giros, sentido e tempo).

Este ponto como escolha distal, e o ponto:

Fengchi (VB 20) abaixo do occipital como escolha local para fazer o reequilíbrio yin / yang.

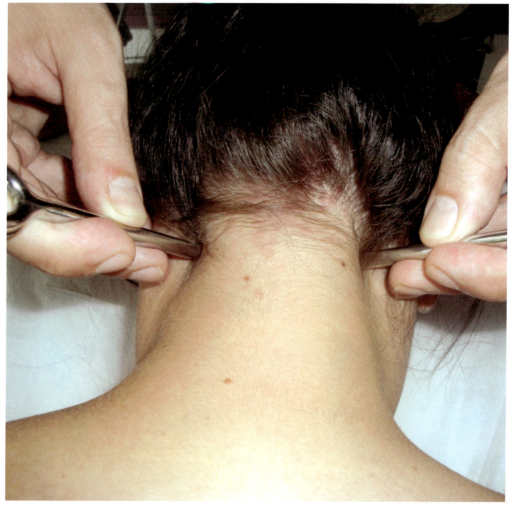

Fengchi (VB20), localizado no córtex occipital, utilizando a técnica de sedação (percussão, giros, sentido e tempo) para promover a desobstrução de Qi estagnado.

Waiguan (TA5) ponto Luo do Shoushaoyang ou Sanjiaojing (meridiano de triplo aquecedor) em estimulação sedativa, também como escolha distal de ponto.

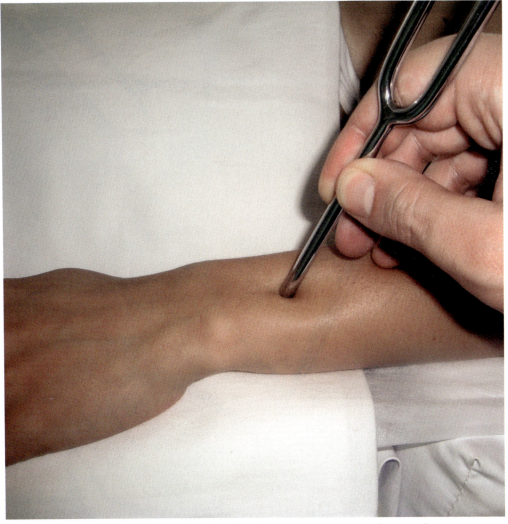

Waiguan (TA5), ponto Luo localizado a dois tsun acima da articulação posterior do punho entre o cúbito e o rádio, utilizado para promover a circulação de Qi para o meridiano acoplado (CS).

Também associado como escolha local ao ponto extra:

Taiyang – situado na região temporal próximo a comissura lateral da sobrancelha.

Taiyang, utilizando estimulação sedativa (percussão, giros, sentido e tempo) para dispersar a síndrome dolorosa.

Outro acuponto muito empregado em padrões de cefaleia temporal com comprometimento dos olhos (esclera avermelhada), é o ponto Luo do Zushaoyang ou Danjing (meridiano de vesícula biliar) o acuponto:

Guaming (VB 37) traduzido com "claridade luz", este ponto está em conexão como o acuponto **Taichong** (F 3) Yuan Terra do Zujueyin ou Ganjing (meridiano de fígado), na técnica Yuan/Luo, muito empregada nas disfunções menstruais, regras irregulares, leucorreia, dismenorreia, presença de pólipos no aparelho reprodutor feminino, e outras disfunções abordadas mais adiante neste trabalho.

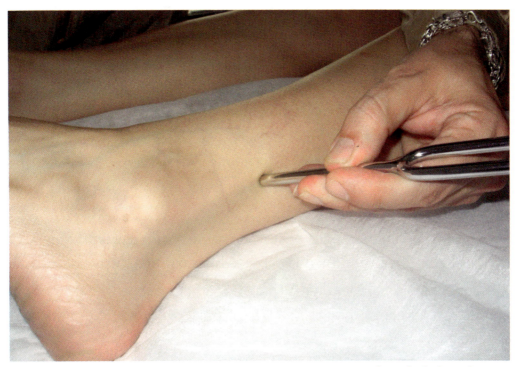

Guaming (VB37), ponto Luo, localizado cinco tsun acima do maléolo lateral atrás da fíbula, utilizando estimulação sedativa (percussão, giros, sentido e tempo) para promover a desobstrução de Qi estagnado no córtex temporal.

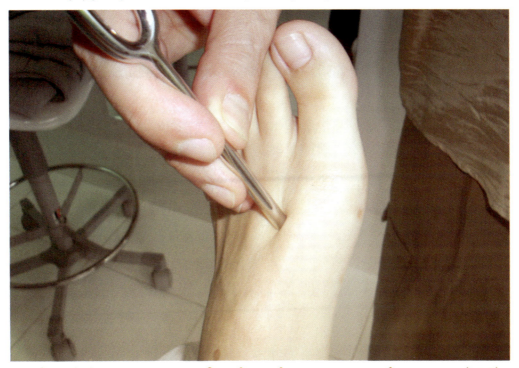

Taichong (F3), ponto Yuan Terra, fazendo acoplamento Yuan/Luo desse sistema (F/VB), utilizando a técnica de estimulação tonificante (percussão, giros, sentido e tempo).

Geralmente, os padrões de enxaqueca ou cefaleia severa no caso das mulheres estão vinculados com alguma disfunção na conservação do Xue (Qi sanguíneo) em que o fígado não está cumprindo seu trabalho de forma correta, ou ainda o perfil psicológico vivenciado pela pessoa influencia diretamente nas funções de armazenamento e conservação de Xue, realizadas pelo Elemento Madeira (F / VB).

Existe também a possibilidade da predisposição por fatores genéticos em que a Madeira (F/ VB) é o elemento de choque, ou seja, é um elemento suscetível a disfunções.

Um padrão muito peculiar observado nesses casos é o padrão emocional da mágoa, observado em boa parte das pessoas que sofrem desse mal.

A mágoa é uma energia muito densa, emocionalmente falando, podendo trazer prejuízos graves à saúde e ao desenvolvimento espiritual do ser humano.

Nesses casos também é muito útil o emprego de sons de flautas indígenas no seguimento da Musicoterapia Xamânica, modificando com o tempo o estilo mental vinculado a essas pessoas, eliminando a necessidade das células corpóreas em emitir informação ao córtex cerebral de produzir neuroquímicos específicos que intoxicam o organismo.

Outros pontos que podem modificar o padrão emocional da mágoa são os acupontos:

Yintang e **Baihui** (VG 20) – localizados a meia distância e acima da comissura interna das sobrancelhas e no topo da cabeça, a meia distância entre o tubérculo de Darwin das orelhas, respectivamente.

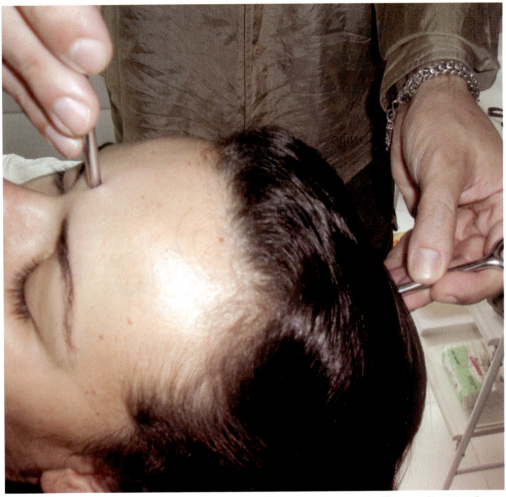

Yintang e Baihui (VG20), utilizados para o relaxamento e ressignificação das atitudes.

Agora vamos citar um pouco sobre o trabalho preventivo neste tipo de sintoma (cefaleia temporal), ao qual também temos uma demanda muito alta invadindo as clínicas de acupuntura tradicional e nos trabalhos mais sutis como a Musicoterapia e a Diapsoterapia.

A estes quadros de disfunção menstrual, como a dismenorreia, leucorreia, polacimenorreia, presença de coágulos escuros indicando a presença de calor, também podemos associar as disfunções hormonais, endometriose, presença de pólipos no útero e ovário e outras disfunções que acometem o sistema geniturinário feminino. Posteriormente, em momento mais oportuno, falaremos das disfunções mais comuns do sistema geniturinário masculino.

Tratamentos nos quadros de regras irregulares

Acompanhando o perfil de clientes ao longo de alguns anos, creio que podemos afirmar que o público feminino e os idosos são os maiores contingentes à procura de alívio para seus problemas dentro das clínicas alternativas.

Cientificamente, sabemos que as mulheres possuem um linear de dor maior do que os homens, o que talvez também explique a razão dessa procura, mas sem dúvida este perfil patológico aumenta cada dia mais a procura por tratamentos alternativos por esse público, especialmente pelas mulheres.

O sistema hormonal feminino não influencia apenas as funções fisiológicas no organismo feminino, mas também gera altos e baixos no comportamento e nas emoções vivenciadas.

Quantos casamentos já não foram desfeitos pela famosa tensão pré-menstrual (TPM), que leva a mulher a verdadeiras insanidades às vezes no convívio social e conjugal, produzindo resultados nefastos no âmbito do trabalho, da família e em outros setores?

Muitas só procuram ajuda quando já perderam muitas coisas valorosas no sentido de relacionamentos desfeitos.

Na técnica de 5 Elementos, os elementos comprometidos são Madeira (F/ VB) que não cumpre seu papel de armazenar e conservar o Xue (Qi sanguíneo) e o Elemento Terra (BP/ E), que por sua vez não cumpre seu papel de governar o transporte das essências corporais, resultando em estagnações e bloqueios em diversos sistemas.

Dois meridianos serão de suma importância no tratamento desses casos, sendo eles:

Zujueyin ou Ganjing (meridiano de fígado), e Zutaiyin ou Pijing (meridiano de baço pâncreas).

Zujueyin, porque além de influenciar diretamente o sistema geniturinário, também influencia diretamente o armazenamento e a qualidade do Qi sanguíneo, e o Zutaiyin, porque além de influenciar diretamente o sistema geniturinário, também influencia diretamente no transporte das essências corpóreas.

Vamos agora destacar alguns pontos de grande importância no tratamento das regras irregulares em geral, são eles:

Taichong (F3) Yuan Terra, para harmonizar o Xue e auxiliar o transporte do Qi estagnado.

Sanyinjiao (BP6) ponto de reunião dos 3 meridianos yin do pé (F/ R/ BP), no restabelecimento do aquecedor inferior.

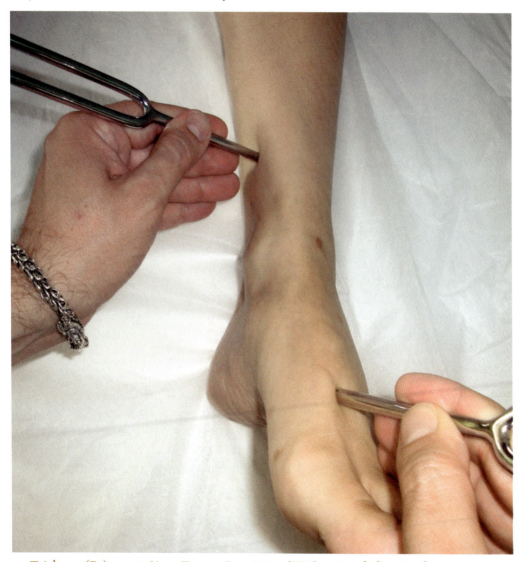

Taichong (F3), ponto Yuan Terra e Sanyinjiao (BP6), estimulados simultaneamente, utilizando a técnica de estimulação tonificante (percussão, giros, sentido e tempo) para restabelecer o Xue (Qi sanguíneo) e o aquecedor inferior.

Também podemos associar esses acupontos ao ponto:

Yinlingquan (BP9) Ho Água do Zutaiyin para restabelecer o Qi estagnado.

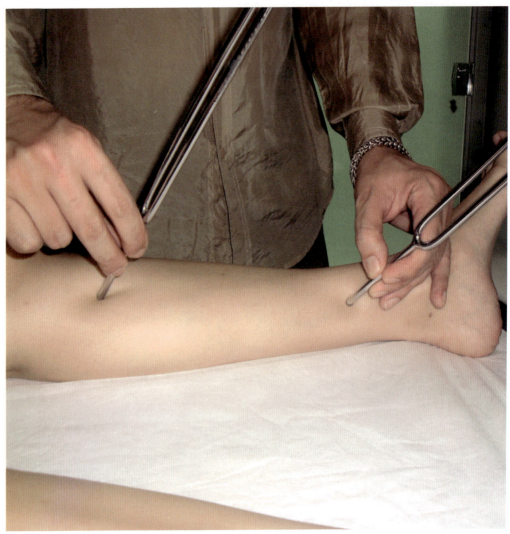

Sanyinjiao (BP6) e Yinlingquan (BP9), ponto Ho Água, localizado abaixo do côndilo interno da tíbia, estimulados simultaneamente na técnica de tonificação (percussão, giros, sentido e tempo), muito empregado na Diapsoterapia.

Outro acuponto de extrema importância, que por sua vez também é o ponto de concentração energética para as mulheres, é o ponto:

Guanyuan (VC4), localizado a 3 tsun abaixo da cicatriz umbilical, também ponto de reunião dos 3 meridianos yin do pé, fazendo conexão íntima com o **Sanyinjiao** (BP6).

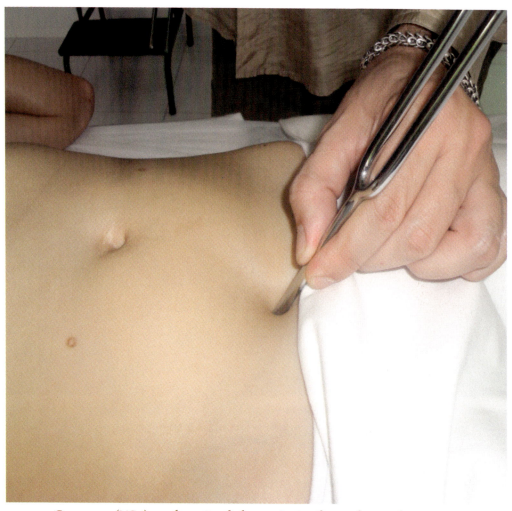

Guanyuan (VC4) sendo estimulado na técnica de tonificação (percussão, giros, sentido e tempo), harmonizando o aquecedor inferior.

Nesses casos, o mais sensato é utilizar a técnica de estimulação tonificante, com percussões fracas e prolongadas para fortalecer esses sistemas.

Outra opção é utilizar a técnica de estimulação dispersiva no acuponto:

Xingjian (F2), Yong Fogo do Zujueyin ou Ganjing (meridiano de fígado), sendo este também ponto de sedação deste meridiano.

O emprego deste ponto deve ser priorizado, principalmente nos quadros de descontrole emocional produzidos pela TPM. É um recurso muito empregado na medicina tradicional chinesa como um ponto de dispersão energética, para baixar o fogo do fígado, também podendo ser empregado nos padrões de insônia causados pelo Qi do Shen (mente) em tumulto.

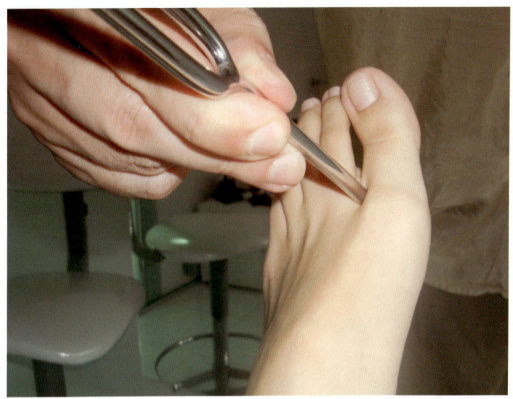

Xingjian (F2), ponto Yong Fogo e ponto de sedação do meridiano Zujueyin, localizado na intersecção do hálux e do segundo artelho, utilizando a técnica de estimulação sedativa (percussão, giros, sentido e tempo), dispersando o calor e a ansiedade.

Neste caso, podemos dizer que o paciente não se desliga a noite, não conseguindo dormir, principalmente pelo ritmo de vida que passa a estabelecer e influenciar sua biodinâmica e seus padrões fisiológicos.

As alterações no biorritmo do sistema endócrino promovem alterações do ciclo menstrual, formando a síndrome dolorosa da dismenorreia, principalmente nos períodos pré-menstruais.

A dismenorreia é um quadro patológico que atinge muitas mulheres no Ocidente, hoje registradas em pesquisas. Sabemos que a cólica menstrual ocasiona um prejuízo financeiro enorme, pela justa ausência no trabalho devido a esse problema.

Este fato está sendo visto por muitas empresas como a urgência em tomar decisões de métodos de prevenção deste mal, portanto, muitos convênios com clínicas de acupuntura e medicina alternativa estão sendo feitos para a diminuição do problema.

Tratamento para as gastralgias ou gastrites

Com os fatores de ansiedade em ascensão, outro distúrbio que cresce no Ocidente são os padrões de gastrites, também originados do ritmo desenfreado de vida que levamos, em específico nas grandes metrópoles.

Alterações severas no pH estomacal produzem verdadeiras crateras no trato digestório.

No raciocínio da acupuntura tradicional chinesa, alguns pontos e conexões específicas são extremamente eficazes no combate desse distúrbio, em especial a técnica dos Quatro Portões Menores, sendo os pontos:

Quchi (IG11) Ho Terra do Shouyangming ou Dashangjing (meridiano de intestino grosso), conectado com o acuponto:

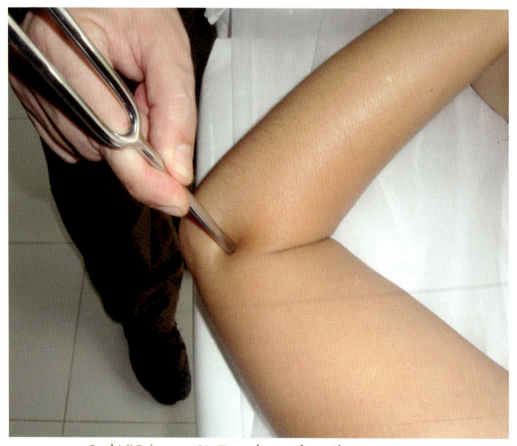

Quchi (IG11), ponto Ho Terra do meridiano Shouyangming ou Dashangjing (meridiano de intestino grosso), localizado no final da prega externa do cotovelo (braço deve estar fletido), utilizando a técnica de estimulação tonificante (percussão, giros, sentido e tempo).

Zusanli (E36) Ho Terra do Zuyangming ou Weijing (meridiano de estômago) para restabelecer o Qi do aquecedor médio.

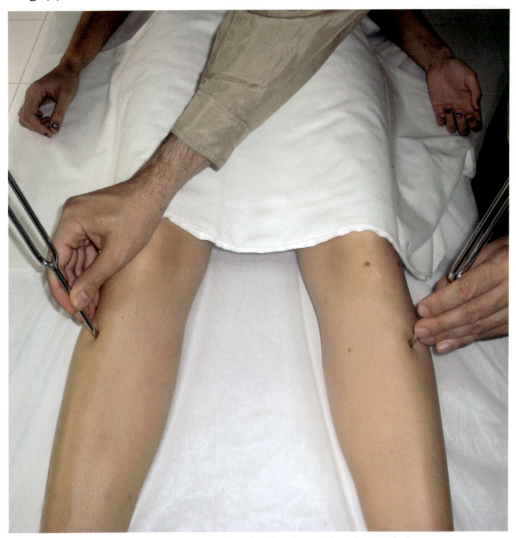

Zusanli (E36), ponto Ho Terra, localizado abaixo da tuberosidade anterior da tíbia, estabelecendo a técnica de tonificação (percussão, giros, sentido e tempo). Este acuponto restabelece as funções do aquecedor médio.

Outro acuponto muito empregado, fazendo a conexão Ho/Mo é o ponto:

Zhongwan (VC12), ponto Mo do Zuyangming ou Weijing (meridiano de estômago) que recupera a energia visceral, formando o tratamento local harmonizando o Yin.

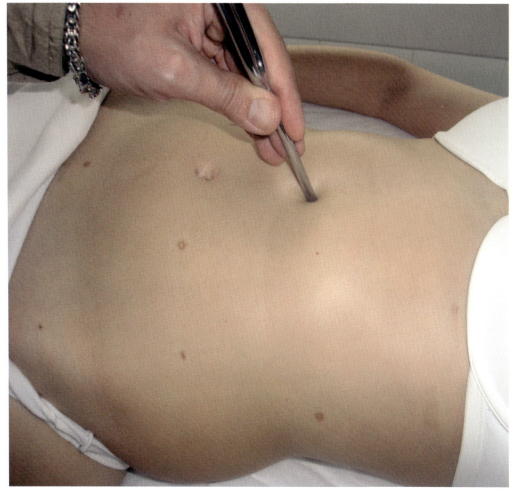

Zhongwan (VC12), localizado a meia distância entre a cicatriz umbilical e o final do processo xifoide, utilizando a técnica de tonificação (percussão, giros, sentido e tempo), reequilibrando o Yin no aquecedor médio.

Outra técnica muito bem sucedida nesses casos é a chamada técnica de Vasos Maravilhosos.

Essa técnica possui até ordem no sentido das inserções das agulhas, no caso da acupuntura, e também na ordem das estimulações vibratórias no caso dos diapasões.

É utilizado o ponto de abertura, depois os sintomatológicos, e finalizamos com o acuponto de fechamento do vaso.

Neste caso vamos citar o mais importante deles, pois são 8 Vasos Maravilhosos, incluindo o Chong Mai (vaso maravilhoso das 9 gastralgias), sendo os acupontos:

Neiguan (CS6) ponto Luo do Shoujueyin ou Xinbaojing (meridiano de circulação-sexo), também ponto de abertura do Vaso Maravilhoso Chong Mai.

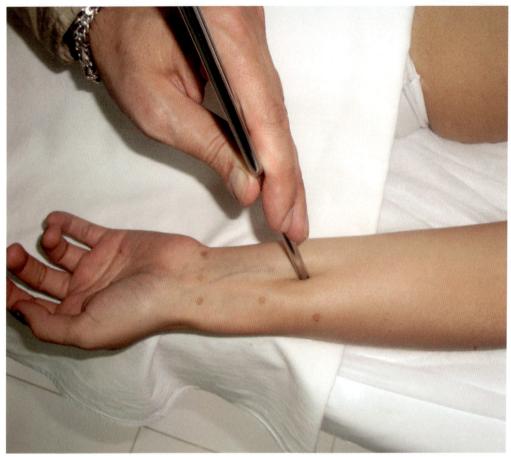

Neiguan (CS6), ponto Luo, localizado dois tsun acima da dobra anterior do punho, utilizando a técnica de sedação (percussão, giros, sentido e tempo).

Depois podemos utilizar os pontos sintomatológicos:

Zusanli (E36) Ho Terra; Zhongwan (VC12) ponto Mo; Taibai (BP3) Yuan Terra do meridiano de baço pâncreas, entre outros depois utilizar o ponto de fechamento deste Vaso que é o acuponto:

Gongsun (BP4) ponto Luo do Zutaiyin ou Pijing (meridiano de baço pâncreas).

Outra técnica que pode ser empregada com bons resultados é a técnica de estimulação sedativa do acuponto:

Jiexi (E41) King Fogo do Zuyangming ou Weijing (meridiano de estômago), dispersando o calor no aquecedor médio.

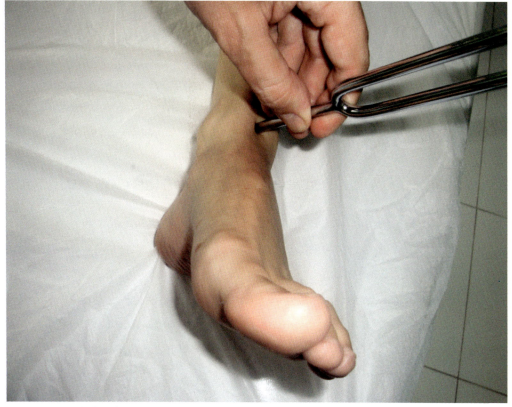

Jiexi (E41), localizado na dobra dorsal do pé entre o tendão extensor do hálux e o tendão extensor comum dos dedos. Este ponto elimina o calor no aquecedor médio.

Este ponto pode estar associado ao **Zusanli** (E36), tonificado para estabelecer o transporte do Qi estagnado.

Os acupontos relacionados à influência no Shen (mente), também deverão ser prescritos, já que na maioria dos casos a gastrite é uma doença psicossomática, também necessitando uma mudança de hábito e atitude mental próspera e virtuosa.

Em minha concepção, o papel principal e fundamental dos tratamentos alternativos aqui no Ocidente, consiste no compromisso em difundir a profilaxia no comportamento das pessoas, estabelecendo uma conexão holística e sistêmica, fazendo com que cada uma dessas pessoas prefira ser o ator principal de sua história de vida do que ser ator coadjuvante da vida alheia.

O que são os estímulos que produzimos nos pontos de acupuntura senão induções físicas que proporcionamos ao cérebro para o restabelecimento normal de suas funções?

Ao longo do tempo, esses mesmos pacientes percebem que podem ser médicos de si mesmos, pois nenhuma medicação está sendo ministrada durante o tratamento (no caso da acupuntura ou Diapsoterapia).

Isso nos dá um objetivo e um sentido valioso nesse segmento, tornando-nos responsáveis pelo processo de autoconhecimento e aumentando os níveis de percepção da humanidade.

Tratamento para dispneia e patologias dos pulmões

Na medicina tradicional chinesa, a tristeza, a melancolia, as perdas em geral, estão associadas também (ou terão como resultantes) agressões nos pulmões e nas vias aéreas.

Pesquisas hoje mostram-nos o alto índice de câncer nos pulmões em pais que perderam um filho ou uma filha precocemente, dando-nos uma noção do poder de destruição deste padrão nocivo de sentimento.

Algumas observações devem ser feitas na prescrição de pontos para tratamento da vias respiratórias como:

Presença de fleuma ou não, coloração do muco, dispneia, tosse seca, expectoração ou brônquios congestionados, tez pálida, presença de febre e também quadros de deficiência de Qi dos pulmões congênito (rinite alérgica infantil, crises constantes de sinusites, pneumonias, mostrando disfunção do sistema imunológico afetando as vias aéreas).

Mostraremos algumas possibilidades de tratamentos, beneficiando a energia pulmonar, no caso da presença de fleuma. Podemos empregar a técnica Yuan/Luo do Elemento Metal (correspondendo a P/ IG), sendo os acupontos:

Taiyuan (P9) Yuan Terra do Shoutaiyin ou Feijing (meridiano dos pulmões), localizado na articulação ventral do punho sobre a artéria radial.

Utilizamos este ponto para promover o transporte do Wei-Qi, possibilitando o descongestionamento das vias aéreas, estando este em acoplamento com o ponto:

Pianli (IG6) ponto Luo do Shouyangming ou Dashangjing (meridiano de intestino grosso), 3 tsun acima do acuponto **Yangxi** (IG5), ponto King Fogo ("desfiladeiro do Sol"), recebendo por sua vez o Qi estagnado do meridiano dos pulmões, também promovendo a circulação desse sistema (P/ IG).

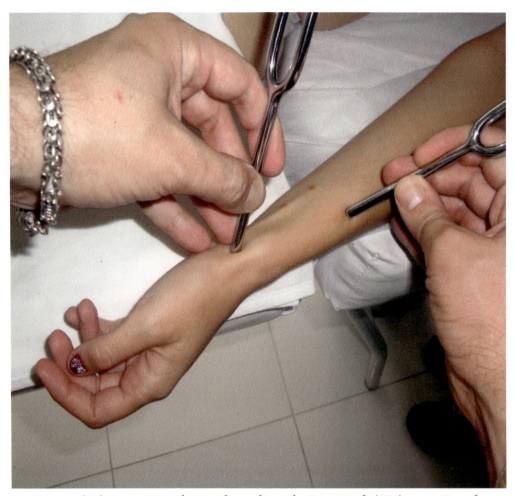

Taiyuan (P9), ponto Yuan do meridiano dos pulmões e Pianli (IG6), ponto Luo do meridiano de intestino grosso, fazendo a técnica Yuan/Luo do Elemento Metal (P/IG), utilizando a técnica de estimulação tonificante no Taiyuan e sedativa no Pianli, sendo giros e sentido opostos entre si, percussão moderada (entre a tonificação e sedação), e tempo de quatro minutos de estimulação como em exemplos anteriores.

Outra possibilidade, na presença de coriza ou muco estagnado na fase é a utilização do acuponto:

Hegu (IG4) Yuan do Shouyangming ou Dashangjing (meridiano de intestino grosso), localizado 1 tsun à frente da intersecção do indicador e do polegar, na região dorso medial da mão.

Também podemos conectar o ponto Luo do meridiano dos pulmões:

Lieque (P 7), localizado 1,5 abaixo do ponto **Taiyuan** (P9), Yuan Terra de pulmão, numa depressão do osso do rádio, também estabelecendo a técnica Yuan/Luo.

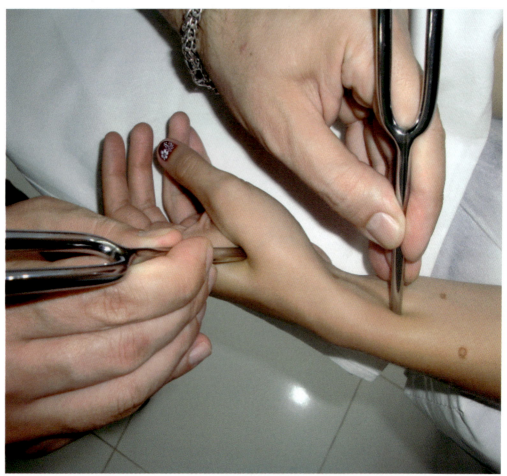

Hegu (IG4), ponto Yuan e Lieque (P7), ponto Luo do meridiano acoplado, sendo estabelecida a tonificação de Hegu e sedação de Lieque nos modelos já mencionados no exemplo anterior.

Uma particularidade que citaremos agora é o sintoma de tosse seca, o que chamamos na acupuntura tradicional chinesa de tosse de Madeira (tosse de origem nervosa, marcada por períodos de conturbação mental, ocasionadas por problemas em mais de um segmento da vida do paciente).

Este típico sintoma, às vezes confunde os acupuntores menos experientes, pois os meridianos de fígado e vesícula biliar deverão ser tratados com maior atenção, em vez de pulmão e acoplados.

A ausência de voz também pode estar associada a esse quadro, ou à diminuição do sistema imunológico devido a deficiência de Wei-Qi, governada pelo Elemento Metal (P/ IG).

Outra possibilidade na melhora do fluxo de Qi dos pulmões é o ponto:

Zhongfu (P1) ponto Mu (alarme) do Shoutaiyin ou Feijing (meridiano dos pulmões), localizado na altura do segundo espaço intercostal, abaixo da clavícula, ponto de exteriorização da energia dos pulmões, podendo influenciar diretamente o Qi estrutural deste órgão.

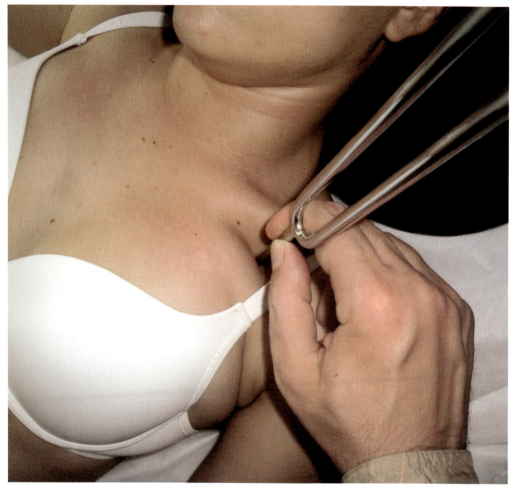

Zhongfu (P1), ponto Mo de pulmão, utilizando a técnica de tonificação (percussão, giros, sentido e tempo) para restabelecer o Qi no aquecedor superior.

Se o paciente apresentar reflexo doloroso na região posterior, também podemos associar na técnica Bei-Shu/ Mo o acuponto **Feishu** (B 13), ponto Bei-shu dos pulmões, localizado a 1,5 lateral ao ápice do processo espinhoso da terceira vértebra torácica, beneficiando a limpeza e desintoxicação das vias pulmonares.

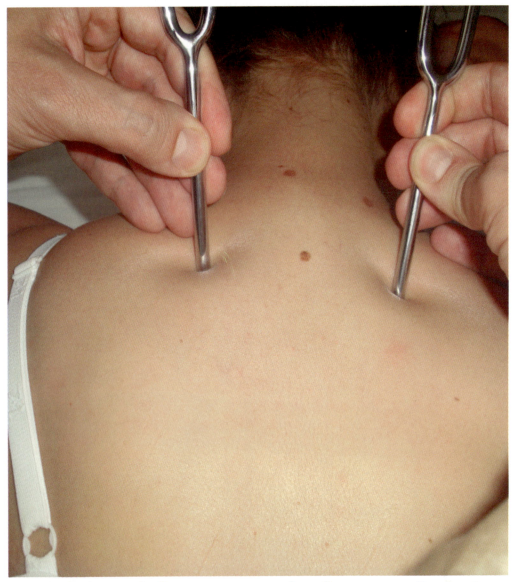

Feishu (B13), ponto de afloramento energético dos pulmões para a região posterior, utilizando a técnica de estimulação tonificante (percussão, giros, sentido e tempo) para eliminar a mucosidade e trazer harmonia no aquecedor superior.

Outro acuponto que podemos empregar para desbloqueio do aquecedor superior é o ponto:

Shanzhong (VC17), ponto Huei (Mestre da respiração), localizado no esterno, a meia distância entre os mamilos, numa depressão óssea.

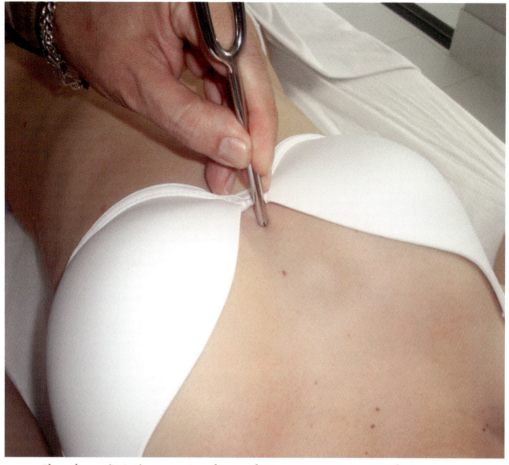

Shanzhong (VC17), ponto Mo de circulação sexo e ponto Huei da respiração, utilizando a técnica de estimulação tonificante (percussão, giros, sentido e tempo) para desbloquear o aquecedor superior, eliminando o Qi estagnado.

Se a presença de estagnação também estiver nos membros inferiores, pode-se utilizar a técnica de canal unitário:

Zu/ Shou – Tai yin (BP/P) para promover o transporte e eliminar a estagnação linfática das vias respiratórias e do edema nos membros inferiores.

A utilização do acuponto:

Taibai (BP3) Yuan Terra, localizado na região medial do pé atrás da articulação do Hálux associada ao ponto:

Fenglong (E40), ponto Luo do Zuyangming ou Weijing (meridiano de estômago), fazendo o acoplamento Yuan/Luo do Elemento Terra, promove o descongestionamento desse sistema afetado, também acionando pontos do meridiano dos pulmões, concluindo assim a técnica de canal unitário.

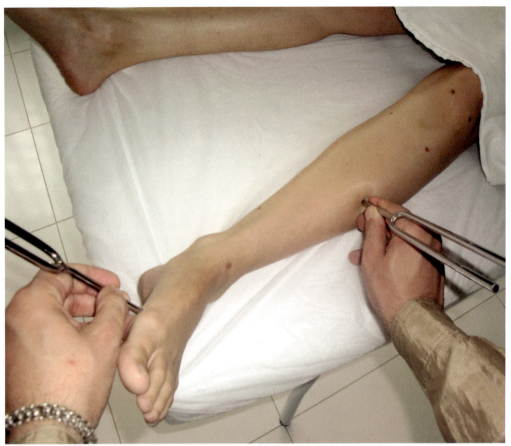

Taibai (BP3), ponto Yuan, tonificado e Fenglong (E40), ponto Luo do acoplado, sedado, utilizando os critérios já mencionados em exemplos anteriores.

Tratamento de insônia

Outro distúrbio relacionado com o Qi do Shen (mente) em tumulto, afetando milhares de pessoas no ocidente, a insônia que por sua vez pode possuir diversos padrões diferenciados como originários do problema, hoje também é vista de forma bem nociva, gerando muitas pesquisas na saúde.

Os padrões emocionais relacionados à Técnica de 5 Elementos, como raiva, irritabilidade, ansiedade, euforia, preocupação, estresse, melancolia, desgosto, medo e fobias.

Seguindo os Elementos Madeira – Fogo – Terra – Metal – Água, sucessivamente, podendo formar padrões severos de insônia.

Os casos mais comuns citados pelos pacientes são:

Paciente relatando sono muito tarde da madrugada, ou acordando muitas vezes na noite (sono muito leve).

Na visão da acupuntura, temos que determinar um padrão emocional para poder prescrever os acupontos utilizados.

Lembrando que os pontos Ting (nascente) e Yong (riacho), possuem a característica comum de influenciar mais acentuadamente o padrão emocional dos elementos (ligados à causa da insônia).

Vamos mencionar agora alguns acupontos que estimulados pela vibração dos diapasões, têm-se mostrado muito favorável no combate a esse problema.

Yintang e **Baihui** (VG20) localizados entre as sobrancelhas e acima, no córtex frontal e no topo da cabeça a meia distância entre o ponto auricular tubérculo de Darwin das orelhas, sucessivamente.

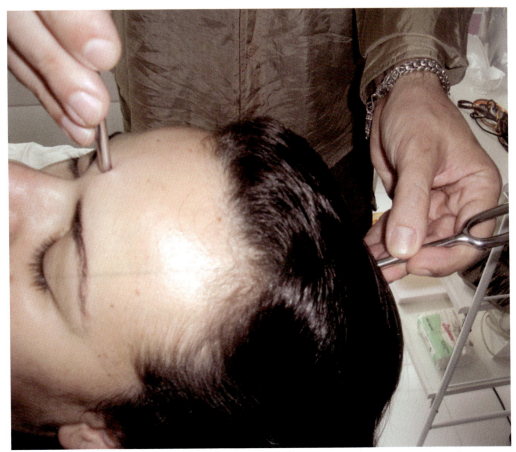

Yintang e Baihui, sendo estimulados simultaneamente na técnica de estimulação tonificante como procedimento inalterado na técnica Diapsoterapia.

81

Esses pontos podem acalmar o Shen (mente), ligados ao reequilíbrio local (Yin), associados aos pontos pertencentes aos meridianos de coração e circulação sexo:

Shenmen (C7) Yuan Terra do Shoushaoyin ou Xinjing (meridiano de coração), localizado na região da articulação ventral do pulso na frente do osso pisiforme, e o acuponto:

Daling (CS7), Yuan Terra do Shoujueyin ou Xinbaojing (meridiano de circulação sexo), também localizado na região da articulação ventral do pulso entre os tendões flexor do carpo e longo do músculo palmar.

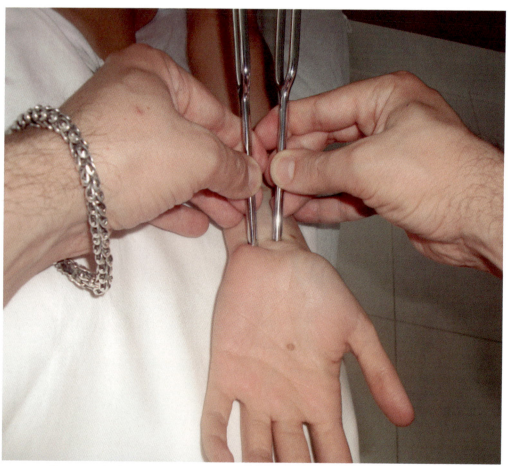

Shenmen (C7), ponto Yuan Terra e Daling (CS7), ponto Yuan Terra, sendo estimulados em tonificação simultaneamente, para acalmar o Shen (pensamentos).

Esses pontos com estimulação de diapasões promovem a dispersão do Qi em tumulto do Shen, no sentido de acalmar a mente, promovem a circulação nesses meridianos, e beneficiam o sono.

Outro ponto muito empregado nesse tipo de disfunção, muito comentado em sua especificidade de melhorar o padrão do sono é o acuponto:

Lidui (E45) ponto Ting Metal do Zuyangming ou Weijing (meridiano de estômago), localizado no ângulo ungueal lateral do segundo artelho do pé.

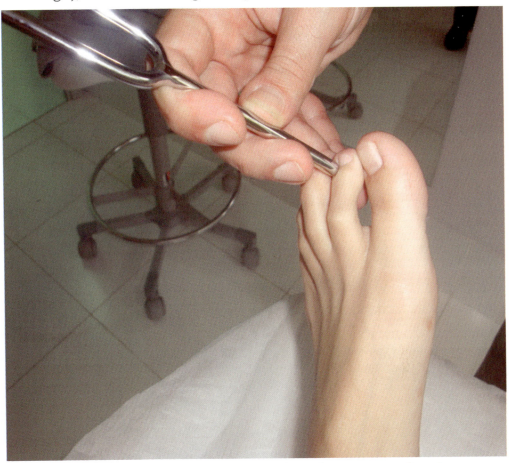

Lidui (E45), ponto Ting Metal do meridiano de estômago, utilizando a técnica de tonificação (percussão, giros, sentido e tempo).

Apresentando em especial um resultado muito expressivo nos padrões de insônia, quando estimulados de forma tonificante com a utilização da vibração dos diapasões.

Também podemos utilizar a técnica de estimulação sedativa nos acupontos:

Shaofu (C8) Yong Fogo do coração, localizado na palma da mão, fechando os dedos da mão em direção à palma, onde a ponta do dedo mínimo tocar, próximo à linha do coração. E o ponto:

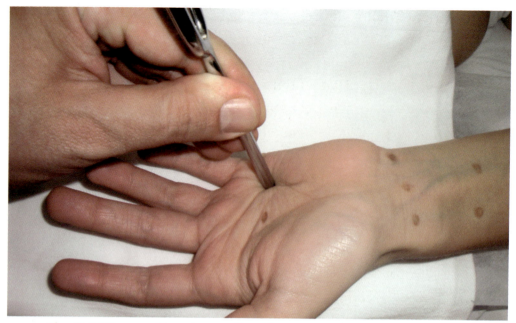

Shaofu (C8), ponto Yong Fogo, utilizando a técnica de estimulação sedativa (percussão, giros, sentido e tempo) para promover o sono tranquilo.

Laogong (CS8) Yong Fogo de circulação sexo, também localizado na palma da mão, fechando os dedos da mão em direção à palma, onde a ponta do dedo médio tocar.

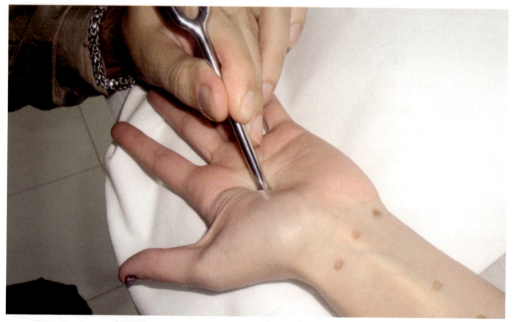

Laogong (CS8), ponto Yong Fogo, utilizando a técnica de estimulação sedativa (percussão, giros, sentido e tempo), também empregado para promover a desobstrução de Qi do Shen (pensamentos).

Esses pontos podem eliminar o fogo (principalmente a euforia), ajudando no processo de acalmar a mente.

A próxima síndrome que abordaremos é muito comum em nossa prática clínica, que atinge também milhares de pessoas, independente das regiões, sendo responsável pelo afastamento em larga escala no trabalho de diversos segmentos.

Tratamento dos padrões de LER

O motivo principal desse distúrbio é o esforço repetitivo no ofício de trabalho, como digitação contínua, área de estética (cabeleireiros e esteticistas de movimentos finos), área da construção civil (pedreiros, marceneiros, serralheiros, etc.), professores e outros.

Como a somatória de anos de profissão ou às vezes nem isso, o paciente começa sentir o peso físico e emocional de sua escolha, muitas vezes impossibilitando-o de exercer a profissão escolhida.

Nesses casos os tratamentos propostos são muitos diversificados no âmbito da escolha dos acupontos.

Isso se dá pela prioridade da escolha dos meridianos em questão, pois lembrando que onde ocorrer a presença de uma síndrome dolorosa, os meridianos dessas áreas em específico estarão comprometidos, pois irrigam essas mesmas áreas de Qi (energia vital).

Um perfil muito comum de LER ocorre com os digitadores de PC, que apresentam um comprometimento dos meridianos Yang da mão, mas dependendo do prognóstico também chegam a afetar os meridianos Yin.

Um acuponto muito empregado pela técnica Yuan/Luo entre os meridianos:

Shoujueyin ou Xinbaojing e Shoushaoyang ou Sanjiaojing (CS / TA).

Os acupontos mencionados são:

Wainguan (TA5) Luo do Shoushaoyang ou Sanjiaojing (meridiano de triplo aquecedor), localizado a 2 tsun acima da dobra posterior do punho, entre o cúbito e o rádio, utilizado para movimentar o Qi estagnado desse meridiano para o acoplado (meridiano de circulação sexo). **A estimulação do diapasão deve ser sedativa, com giros anti-horários, no sentido contrário ao fluxo do meridiano, percussões fortes, indicando dispersão.**

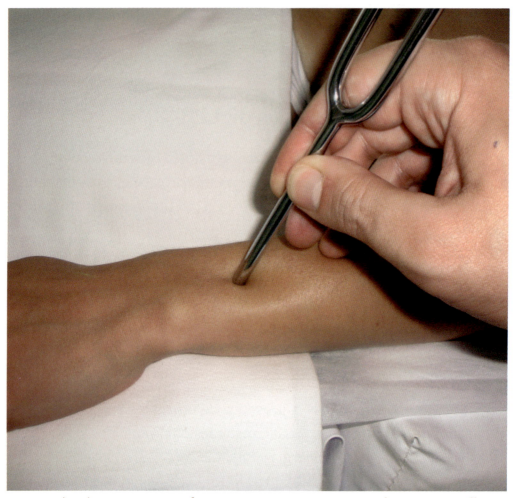

Waiguan (TA5), ponto Luo e também ponto pertencente à técnica de Vasos Maravilhosos (Yang Wei Mai e Daí Mai ou vaso da cintura), muito empregado nos padrões de LER.

Em acoplamento com o acuponto:

Daling (CS7) Yuan terra do Shoujueyin ou Xinbaojing (meridiano de circulação sexo), localizado na dobra anterior do punho entre os tendões do músculo palmar e flexor do carpo, utilizado para receber e transportar o Qi do meridiano acoplado (TA), aliviando também a sensação de peso e formigamento dos membros superiores. **A estimulação do diapasão deve ser, nesse caso, tonificante, com giros no sentido horário, com direcionamento a favor do fluxo do meridiano, percussões suaves, indicando produção.**

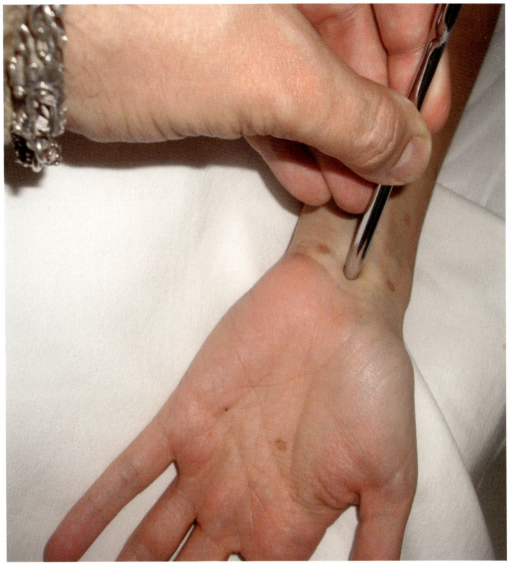

Daling (CS7), ponto Yuan Terra do meridiano de circulação sexo, fazendo a técnica Yuan/Luo desse sistema (CS/TA), promovendo a circulação de Qi no combate à síndrome dolorosa.

Outro raciocínio que pode ser empregado com bons resultados é a utilização da técnica de sedação nos pontos King Fogo dos meridianos Yang, sendo eles respectivamente:

Yangxi (IG5) ponto King Fogo do Shouyangming ou Dashangjing (meridiano de intestino grosso), localizado na região radial da articulação da mão entre os tendões longo e curto do polegar, aliviando as dores, pois esta classificação de pontos possui ação analgésica e anti-inflamatória.

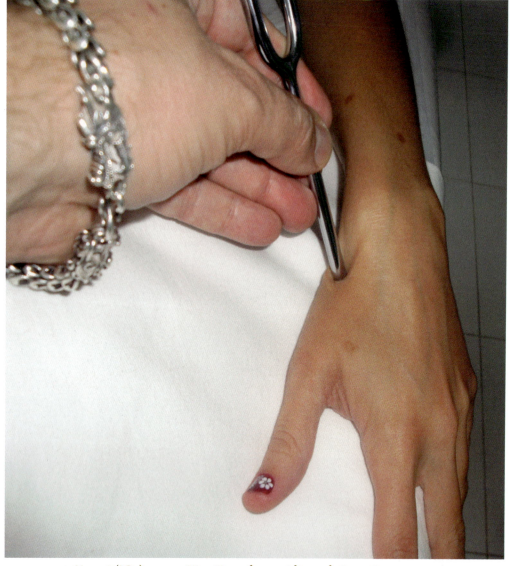

Yangxi (IG5), ponto King Fogo do meridiano de intestino grosso, elimina o calor combatendo o processo inflamatório.

Zhigou (TA6) ponto King Fogo do Shoushaoyang ou Sanjiaojing (meridiano de triplo aquecedor), localizado na região posterior do antebraço, 3 tsun acima da articulação da mão, entre o cúbito e o rádio, possuindo uma ação analgésica na síndrome dolorosa do túnel do carpo.

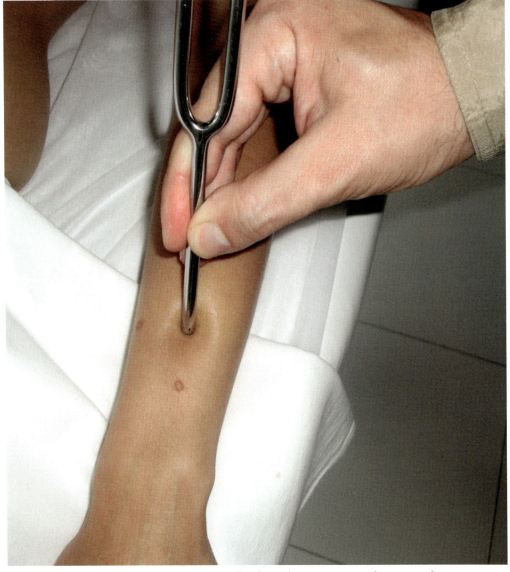

Zhigou (TA6), ponto King Fogo, lembrando que a estimulação é sedativa (percussão, giros, sentido e tempo), para dispersar o Qi estagnado.

Yanggu (ID5) ponto King Fogo do Shoutaiyang ou Xiaoshangjing (meridiano de intestino delgado), localizado no cúbito da mão, na articulação entre a apófise estiloide do cúbito, e o osso pisiforme, diminuindo a presença de calor proporcionada pela inflamação.

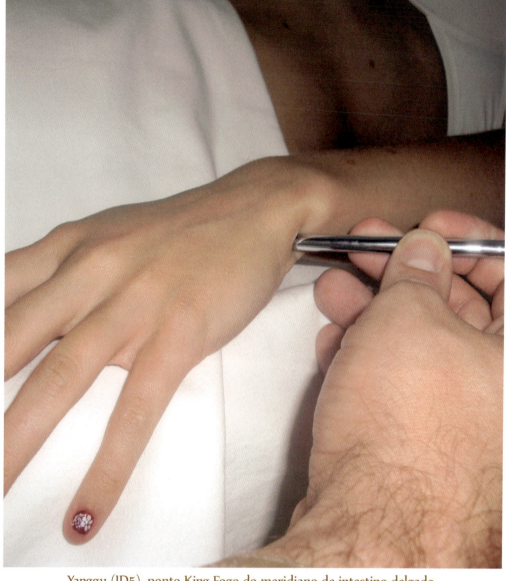

Yanggu (ID5), ponto King Fogo do meridiano de intestino delgado, utilizando a técnica de sedação (percussão, giros, sentido e tempo).

Podemos utilizar em conjunto os pontos Ho Terra dos meridianos Yang da mão na técnica de estimulação tonificante, sendo eles:

Quchi (IG11), ponto Ho Terra e tonificação do Shouyangming ou Dashangjing (meridiano de intestino grosso), localizado no final da linha da prega da articulação do cotovelo, com o antebraço em flexão.

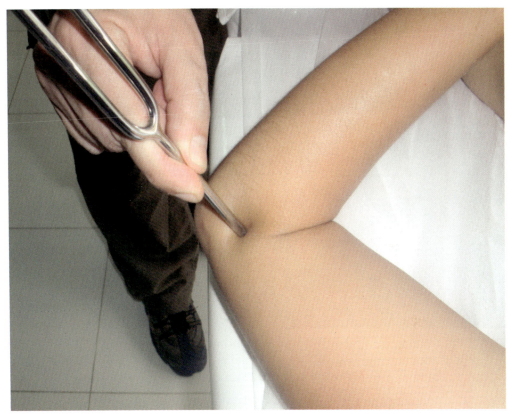

Quchi (IG11), ponto Ho Terra e ponto de tonificação de intestino grosso, também fazendo parte da técnica de Quatro Portões Menores (IG11/E36).

Esse acuponto é de muita importância na acupuntura tradicional chinesa, fazendo parte também da técnica de Quatro Portões Menores, em associação com o **Zusanli** (E 36).

Esse acuponto seria um alicerce em qualquer padrão de Ler em membros superiores, pois possui influência considerada no músculo trapézio nos padrões de cervicobraquialgias.

Dificilmente os padrões de LER em membros superiores não acometerão a região cervical, pois a tensão produzida vem da parte de cima (região do córtex occipital e músculo trapézio), comprometendo os meridianos Yang do braço, antebraço e mãos.

Outros pontos do Elemento Terra serão:

Tianjing (TA10), ponto Ho Terra do Shoushaoyang ou Sanjiaojing (meridiano de triplo aquecedor), localizado atrás do olecrano do cúbito, na região do cotovelo.

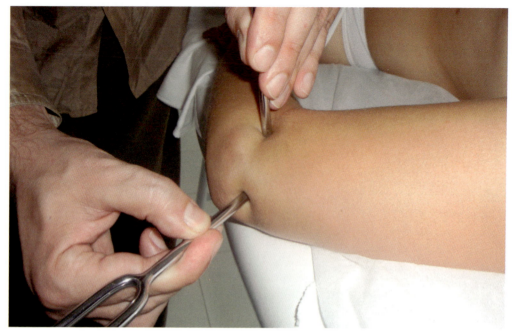

Tianjing (TA10), ponto Ho Terra e Quchi (IG11), sendo estimulados simultaneamente utilizando a técnica de tonificação (percussão, giros, sentido e tempo) para promover a circulação de Qi nos meridianos afetados.

Xiaohai (ID8), localizado na região do cotovelo a meia distância entre o olecrano do cúbito e o epicôndilo interno do úmero.

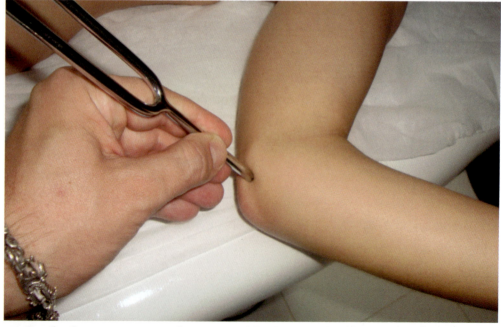

Xiaohai (ID8), ponto Ho Terra de intestino delgado, empregando a técnica de estimulação tonificante (percussão, giros, sentido e tempo), combate literalmente a dor de cotovelo.

A técnica de estimulação tonificante desses pontos promove a circulação de Qi desses meridianos, aliviando as sensações de peso, formigamento e dor.

O mesmo raciocínio será empregado no caso da LER de acometimento dos meridianos Yin da mão na região dos tendões flexores.

Citaremos os acupontos e a interferência da diapsoterapia:

Neiguan (CS6), ponto Luo do Shoujueyin ou Xinbaojing (meridiano de circulação sexo), 2 tsun acima da dobra anterior do punho entre os tendões longo e curto do músculo palmar.

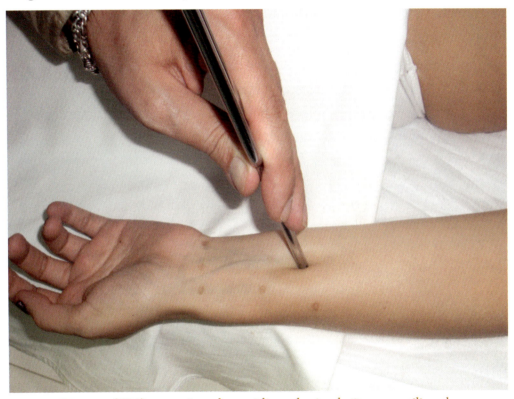

Neiguan (CS6), ponto Luo do meridiano de circulação sexo, utilizando neste caso a estimulação sedativa (percussão, giros, sentido e tempo) para aliviar a síndrome dolorosa do túnel do carpo.

Lembrando que este ponto também faz parte da técnica de Vasos Maravilhosos (Chong Mai, o vaso das 9 gastralgias, e do vaso Yinwei Mai), podendo ser utilizado em casos sistêmicos diversificados pelo estabelecimento dessa conexão.

A estimulação diapasônica deve ser feita de forma sedativa, por meio de percussões fortes, maior tempo de estimulação e giros diapasônicos em sentido anti-horário, também sendo estipulado o sentido contrário do fluxo do meridiano.

Se forem empregados os pontos pela técnica de 5 Elementos, os pontos King dos meridianos Yin das mãos, serão pertencentes ao Elemento Metal, sendo tonificados na técnica Diapsoterapia, pois irão estimular a Água, nutrindo o Qi dos ossos.

Sendo os pontos:

Lingdao (C4), ponto King Metal do Shoushaoyin ou Xinjing (meridiano de coração), localizado a 2 tsun abaixo do **Shenmen** (C7) ou a 2 tsun acima da articulação anterior do punho, do lado da artéria ulnar.

Jianshi (CS5), ponto King Metal do Shoujueyin ou Xinbaojing (meridiano de circulação sexo), localizado 3 tsun abaixo do **Daling** (CS7) entre os tendões longo e curto do músculo palmar, ou 3 tsun acima da articulação anterior do punho entre os mesmos tendões.

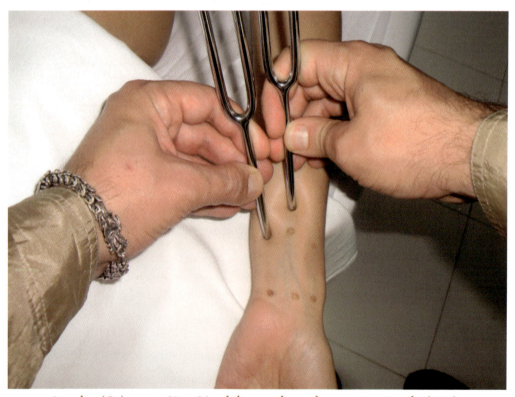

Lingdao (C4), ponto King Metal do meridiano de coração e Jianshi (CS5), ponto King Metal do meridiano de circulação sexo, sendo estimulados simultaneamente utilizando a técnica de tonificação (percussão, giros, sentido e tempo), nutrem o Qi dos ossos e dos tendões.

Jingqu (P8), ponto King Metal do Shoutaiyin ou Feijing (meridiano dos pulmões), localizado a 1 tsun abaixo do **Taiyuan** (P 9) sobre a artéria radial.

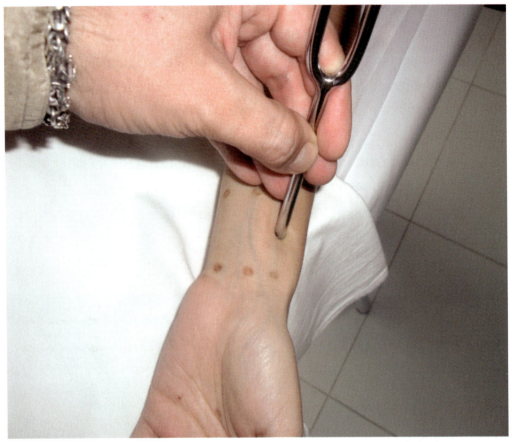

Jingqu (P8), ponto King Metal do meridiano dos pulmões, utilizando a técnica de estimulação tonificante (percussão, giros, sentido e tempo).

Tratamento para algias posteriores e osteopatias

Este sem dúvida é o carro chefe da acupuntura e das terapias alternativas em geral, pois é atingido um grande percentual de melhora na maioria dos casos.

Vamos citar alguns padrões comuns de disfunção e os tratamentos mais utilizados para cada caso.

Começaremos pelos padrões de cervicalgias e cervicobraquialgias, muito comuns na sociedade moderna, devido à pressão no segmento de trabalho, relações sociais e familiares.

Sensações como queimação, formigamento, e dor aguda, são situações descritas pelos pacientes que sofrem desse mal.

Essas mesmas sensações também são relatadas pelos pacientes de forma difusa (da região occipital até a mão) em muitos quadros.

Um motivo muito comum de cervicobraquialgias é a formação de hérnia nas vértebras cervicais, ou a presença de osteófitos, comprimindo os nervos raquidianos e formando focos de inflamação no trapézio e músculos interligados.

Uma opção de tratamento, que obtem muito resultado na estimulação de diapasões, é a conexão de canal unitário:

Zu/Shou – Shão Yang (VB/ TA).

Podemos acionar os acupontos:

Fengchi (VB20), localizado na região occipital, logo abaixo do córtex.

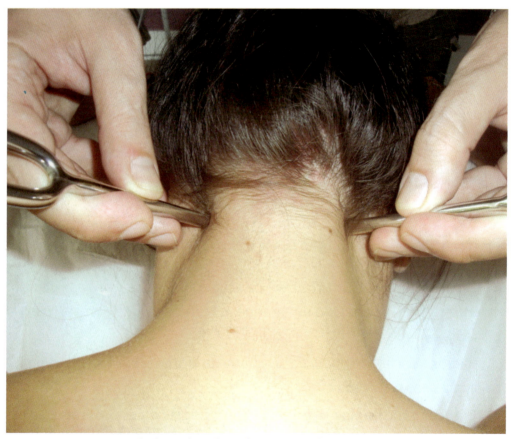

Fengchi (VB20), utilizando a técnica de sedação para promover a dispersão de Qi estagnado.

Utilizamos a técnica de estimulação sedativa e conectamos o acuponto:

Waiguan (TA5), ponto Luo do Shoushaoyang ou Sanjiaojing (meridiano de triplo aquecedor), localizado 2 tsun acima da articulação posterior do punho entre o cúbito e o rádio para promover a dispersão da síndrome dolorosa.

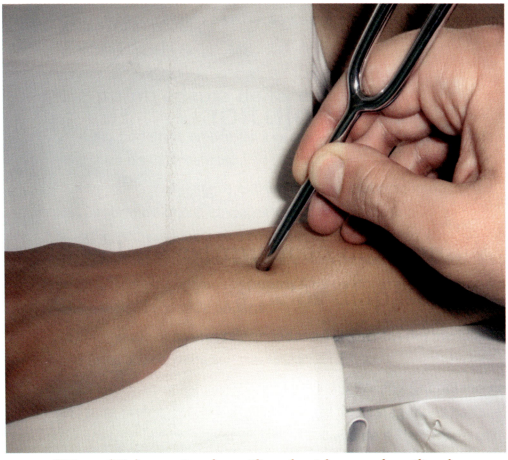

Waiguan (TA5), ponto Luo do meridiano de triplo aquecedor, utilizando estimulação sedativa (percussão, giros, sentido e tempo).

Também utilizamos a técnica de estimulação sedativa nesse acuponto.

Outro acuponto que podemos associar a esse quadro é o acuponto mestre (Huei) dos ossos:

Dazhu (B11), localizado 1,5 tsun lateral ao processo espinhoso da primeira vértebra torácica para realizar a nutrição dos ossos e dispersar o calor (processo inflamatório). Também podendo ser utilizada a técnica de estimulação tonificante nesse caso.

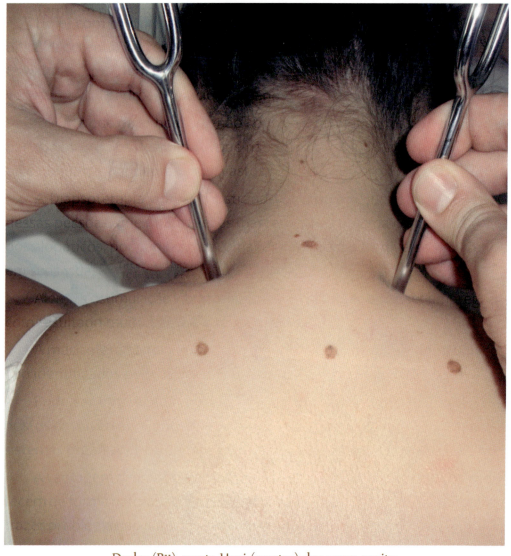

Dazhu (B11), ponto Huei (mestre) dos ossos, muito empregado em casos de cervicobraquialgias.

Outros três pontos podem ser bem empregados no tratamento da cervicobraquialgias, sendo eles:

Quchi (IG11), ponto Ho Terra do Shouyangming ou Dashangjing (meridiano de intestino grosso), também ponto de tonificação desse meridiano, localizado no final da prega da articulação do cotovelo com o antebraço flexionado. A estimulação será tonificante nesse acuponto para promover o transporte de Qi estagnado.

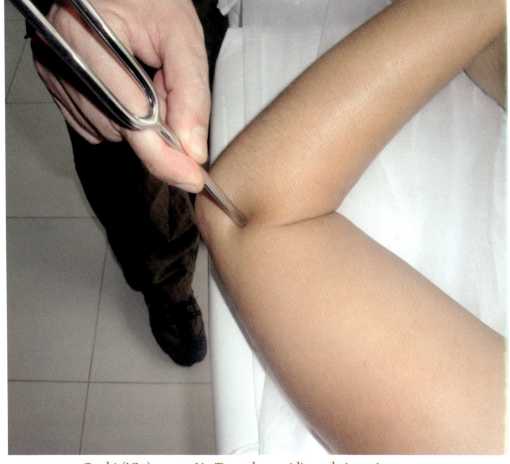
Quchi (IG11), ponto Ho Terra do meridiano de intestino grosso, muito empregado nos padrões patológicos citados agora.

Jianyu (IG15), localizado na intersecção clavicular, na altura da articulação escápulo umeral, na extremidade lateral do tendão de origem do m. bíceps braquial, proximo à tuberosidade maior do úmero.

Nesse acuponto, como é muito frequente na síndrome dolorosa, emprega-se a técnica de sedação, para eliminar o Qi estagnado para que assim possa ser redirecionado na harmonia do fluxo.

Feishu (B13), ponto Bei-Shu de pulmão (classificação dos pontos de assentimento), localizado a 1,5 tsun do processo espinhoso da terceira vértebra torácica, nutrindo o Qi dos pulmões, e auxiliando na eliminação dos nódulos de tensão formados no m. trapézio, podendo ser utilizada tanto a técnica de tonificação, quanto a de sedação, dependendo do nível de tensão e rigidez dessa área.

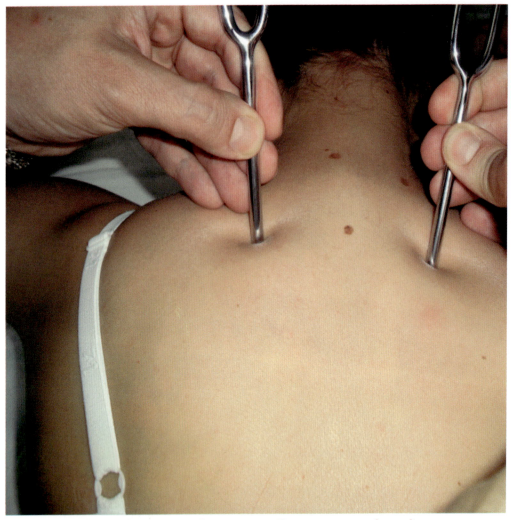

Feishu (B13), ponto Bei-shu ou ponto de assentimento dos pulmões, nutrindo as vias aéreas e eliminando os nódulos de tensão.

Outra forma de raciocínio distal de equilíbrio é a utilização do acuponto:

Yanggu (ID5), ponto King Fogo do Shoutaiyang ou Xiaoshangjing (meridiano de intestino delgado), localizado na região ulnar da articulação do punho, entre o cúbito e o osso pisiforme.

Utilizamos a técnica de sedação para que assim possamos dissipar o calor na região cervical.

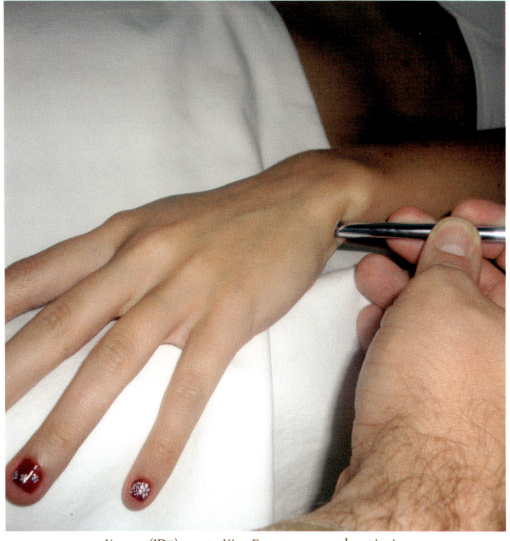

Yanggu (ID5), ponto King Fogo, empregando a técnica de sedação para algias subescapulares.

Também podemos associar, utilizando a técnica de canal unitário, o acuponto:

Tonggu (B66), ponto Yong Água do Zutaiyang ou Panguangjing (meridiano de Bexiga), localizado na frente da articulação do quinto artelho, na região lateral do pé, levando um estímulo difundido em toda coluna vertebral, nutrindo os ossos e realizando a técnica:

Zu/Shou – Taiyang (B/ ID).

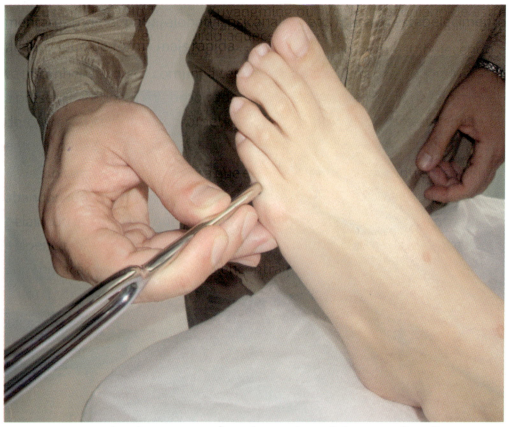

Tonggu (B66), ponto Yong Água do meridiano de bexiga, utilizando a técnica de tonificação (percussão, giros, sentido e tempo).

Agora citaremos outro problema muito comum na Diapsoterapia:

A lombalgia e lombociatalgia, padrão relacionado muitas vezes com a presença de hérnia de disco lombar, e fatores ligados à má-postura, agravando a lordose e escoliose.

Lombociatalgia

Outro fator muito comum para o agravamento desse problema é a obesidade, muitas vezes começando em tenra idade (nas crianças).

Podemos perceber, observando a população da China, que é muito difícil ver chineses gordos, tanto homens quanto mulheres.

Culturalmente falando, os chineses possuem a prevenção como um hábito, harmonizando a mente pelo Tai-Chi-Chuan, prática introspectiva de meditação em movimento, harmonizando corpo e mente.

A tenacidade do Wu-Shu (Kung Fu), uma arte marcial com princípios de desenvolvimento do autoconhecimento, disciplina, força interna, através de um segmento dessa arte chamado Qi Gong. Também observamos, quanto ao hábito alimentar, comidas muito coloridas (com maior concentração de proteínas vegetais), mesclando legumes e verduras com saboroso tempero, enquanto nossa vinculação aos *fast food*, comidas com alto índice de gorduras trans e outras prejudiciais, consequência da industrialização imposta pela cultura de massa.

Citaremos agora alguns acupontos e técnicas de extrema importância nos quadros de lombociatalgia, originadas pelo pinçamento do nervo ciático, ocasionado por hérnia discal.

Utilizando a técnica de estimulação tonificante podemos ressaltar os acupontos:

Shenshu (B23), ponto Bei-Shu (ponto de transporte posterior dos rins), localizado a 1,5 tsun lateral da borda inferior do processo espinhoso da segunda vértebra lombar.

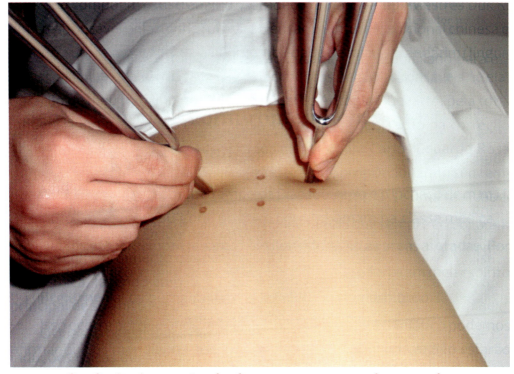

Shenshu (B23), ponto Bei-shu dos rins, muito empregado nos quadros de lombociatalgia ou disfunções renais de outras origens.

Este acuponto além de estimular o Qi dos Rins, beneficiando a circulação do Jing-Qi (energia da fertilidade e vitalidade), proporciona um relaxamento da musculatura posterior lombar, também contribuindo para a diminuição da síndrome dolorosa.

Sanjiaoshu (B22), ponto Bei-Shu (ponto de transporte posterior do triplo aquecedor), localizado a 1,5 tsun lateral da borda inferior do processo espinhoso da primeira vértebra lombar.

Este ponto beneficia a circulação; isso ocorre pela relação com o meridiano de transporte em membros superiores, que é o triplo aquecedor.

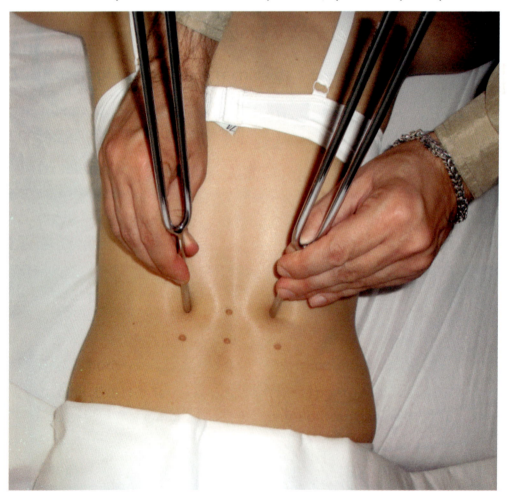

Sanjiaoshu (B22), ponto Bei-shu de triplo aquecedor, utilizando a técnica de tonificação (percussão, giros, sentido e tempo) para eliminar a estagnação de Qi.

Weizhong (B54), ponto Ho Terra do Zutaiyang ou Panguangjing (meridiano de bexiga), localizado no centro da fossa poplítea.

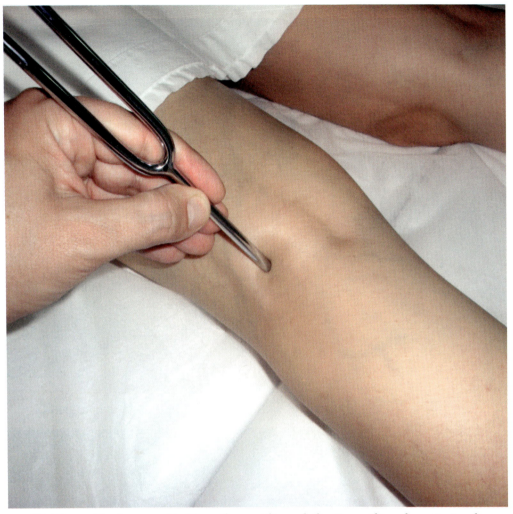

Weizhong (B54), ponto Ho Terra do meridiano de bexiga, utilizando a técnica de tonificação para promover a circulação do Qi estagnado e dos líquidos corpóreos (Jln-Ye).

Este ponto proporciona o transporte de Qi estagnado na região posterior lombar, tonifica a circulação linfática e possui efeito analgésico devido às suas características na técnica de 5 Elementos (Terra seda fogo, que por sua vez representa a dor).

Agora citaremos, baseados nos resultados da Diapsoterapia, os tratamentos de lombociatalgia, utilizando a estimulação sedativa nos seguintes acupontos:

Dashangshu (B25), ponto Bei-Shu (ponto de transporte posterior do intestino grosso), localizado 1,5 tsun lateral da borda inferior do processo espinhoso da quarta vértebra lombar.

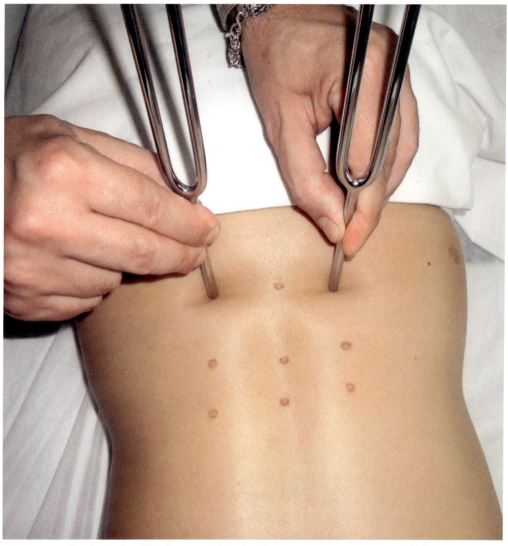

Dashangshu (B25), ponto Bei-shu de intestino grosso, estimulado em sedação para dispersar a síndrome dolorosa.

Este acuponto beneficia o Qi intestinal, por sua relação estabelecida com o acuponto Mu do intestino grosso **Tianshu** (E25), localizado a 2 tsun lateral da cicatriz umbilical.

Voltando a explanação do **Dashangshu** (B25), ele também promove o relaxamento da cadeia posterior, aliviando as dores.

Huantiao (VB30), ponto de cruzamento com o Zutaiyang ou Panguangjing (meridiano de bexiga), localizado num aprofundamento atrás da articulação do quadril.

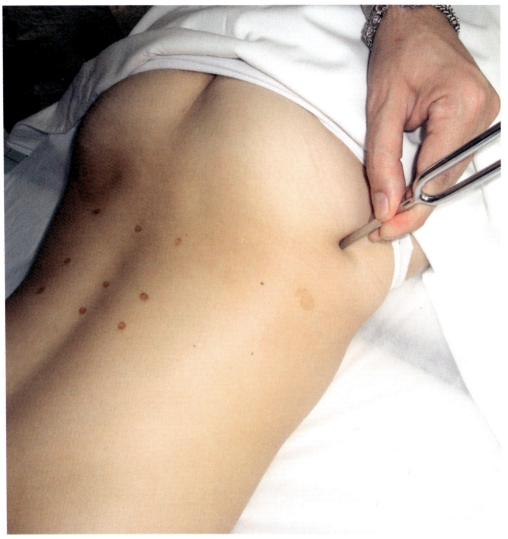

Huantiao (VB30), utilizando estimulação sedativa (percussão, giros, sentido e tempo), ponto muito empregado nos padrões de ciatalgia com sensação de formigamento nos pés.

Este ponto também proporciona uma diminuição da sensação de formigamento e dor que desce da região lombar aos membros inferiores.

Faz conexão com o meridiano de bexiga, por isso beneficia a região lombar.

Kulun (B60), ponto King Fogo do Zutaiyang ou Panguangjing (meridiano de bexiga), localizado a meia distância entre o maléolo lateral e o tendão calcâneo.

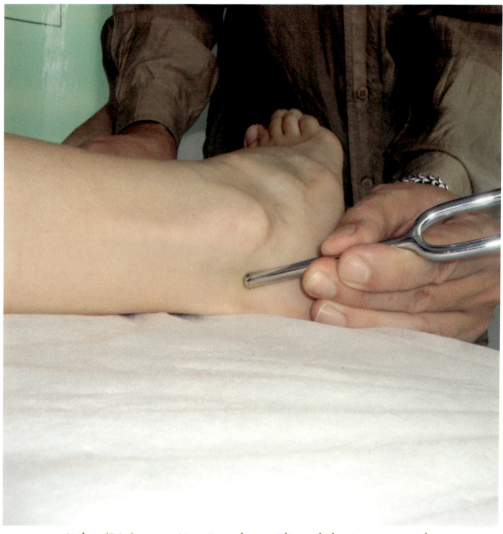

Kulun (B60), ponto King Fogo do meridiano de bexiga, empregado nos quadros de lombociatalgia com excelente efeito analgésico.

Acionamos esse ponto para dispersar o calor na região posterior, utilizando a estimulação sedativa.

Feiyang (B58), ponto Luo do Zutaiyang ou Panguangjing (meridiano de bexiga), localizado a 7 tsun acima do **Kulun** (B 60) na mesma linha lateral.

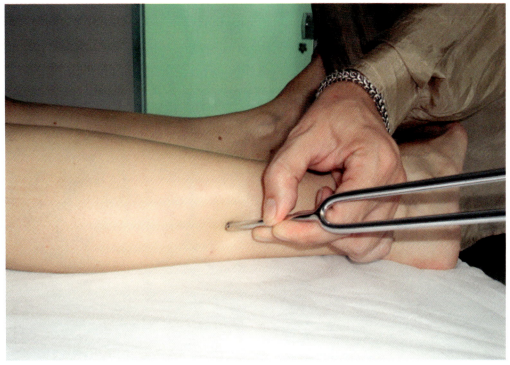

Feiyang (B58), ponto Luo do meridiano de bexiga, utilizando a técnica de sedação para transportar o Qi estagnado para o acoplado (R).

Este ponto está conectado com o **Taixi** (R3) Yuan Terra de rim, e transporta o Qi estagnado do meridiano de bexiga para o meridiano dos rins, beneficiando, assim, o fluxo de Qi deste sistema.

Outra opção de tratamento distal é a utilização da técnica de Vasos Maravilhosos, conectando os acupontos:

Houxi (ID3) YU Madeira do Shoutaiyang ou Xiaoshangjing (meridiano de intestino delgado), localizado na borda cubital da mão, no final da linha do coração, esse acuponto também é ponto de abertura de Vasos Maravilhosos (Yang Qiao Mai), sendo o **Shenmai** (B62), localizado num aprofundamento diretamente abaixo do maléolo lateral, o acuponto de fechamento desse Vaso. Ou o inverso, o acuponto de abertura **Shenmai** (B62), os sintomatológicos e o acuponto de fechamento **Houxi** (ID3), utilizando o Vaso Maravilhoso Tou Mo ou Du Mai (Vaso Maravilhoso mais utilizado nos padrões de algias posteriores).

Podemos usar na estimulação dos diapasões a tonificação do acuponto de abertura, e a sedação do acuponto de fechamento.

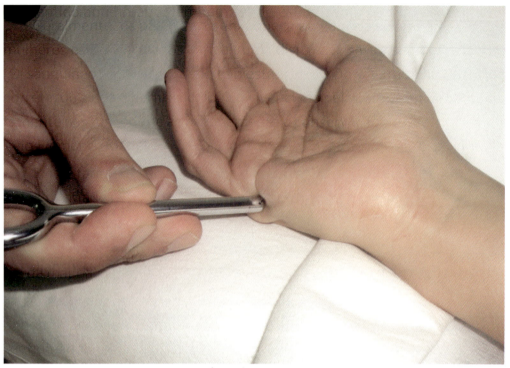

Houxi (ID3), ponto YU Madeira do meridiano de intestino delgado, utilizando a técnica de Vasos Maravilhosos (Tou Mo), empregada no combate às algias posteriores.

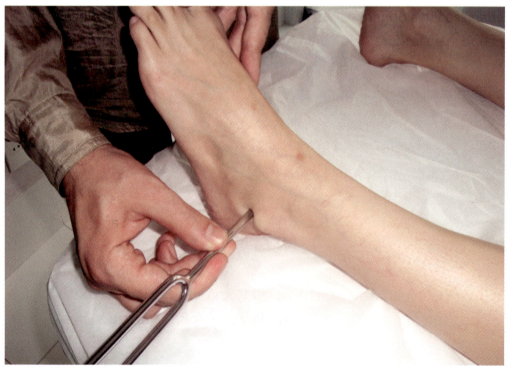

Shenmai (B62), ponto também pertencente à técnica de Vasos Maravilhosos, usado no desbloqueio da cadeia posterior.

Osteoesclerose ou traumas da articulação dos joelhos

Esta disfunção também é muito comum na terapêutica da técnica dos diapasões, obtendo resultados muito significativos de alívio das dores e diminuição do processo de desgaste no caso de pacientes idosos.

Na maioria dos casos, podemos observar a presença acentuada de edema, muitas vezes até prejudicando a localização correta dos acupontos que deverão ser estimulados na articulação dos joelhos, fazendo o tratamento de harmonizar o Yin (ação local).

Pela utilização da técnica da Diapsoterapia obtemos resultados muito expressivos nos quadros de reabilitação pós-cirúrgica dessa articulação, proporcionando fortalecimento muscular e melhorando a tonicidade e vigor dos ligamentos, principalmente o ligamento patelar.

Um ponto muito empregado como reequilíbrio local (Yin) nos problemas que comprometem essa articulação é o acuponto:

Xiyan ("os olhos do joelho"), ponto extra localizado nos forames abaixo da patela, utilizando estimulação sedativa, eliminando a tensão e melhorando o fluxo de líquido sinovial e linfático dessa região.

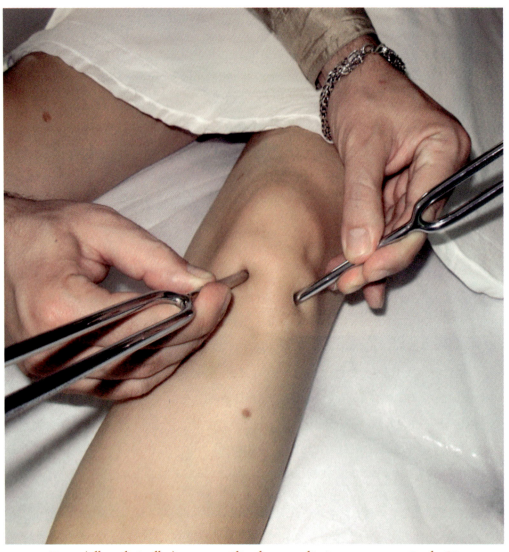

Xiyan (olhos do joelho), ponto utilizado para eliminar a estagnação de Qi. Note que a posição dos diapasões é invertida nesse caso, quando tonificado (para o fortalecimento dessa articulação) o diapasão da região medial está no sentido para alto e o lateral para baixo, como mostra a foto acima. Quando sedado (diminuição de edema ou dor) será no sentido inverso.

Outros pontos que também possuem uma ação benéfica para promover o transporte das essências (Jin-Ye e Jing) e a tonificação da energia dos ossos relacionada ao Elemento Água são os acupontos:

Yinlingquan (BP9), ponto Ho Água do Zutaiyin ou Pijing (meridiano de baço pâncreas), localizado abaixo do côndilo interno da tíbia, ou transfixante ao **Yanglingquan** (VB34), que citaremos posteriormente.

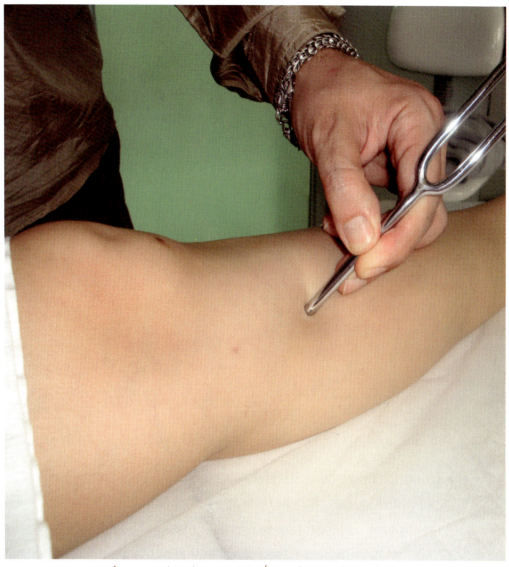

Yinlingquan (BP9), ponto Ho Água do meridiano de baço pâncreas, utilizando a estimulação tonificante, para promover a circulação linfática e regulação hormonal nas mulheres.

Esse ponto tonifica os ossos e nutre a cartilagem e elimina o Qi estagnado.

Outra possibilidade é a tonificação do acuponto:

Yingu (R10), ponto Ho Água do Zushaoyin ou Shenjing (meridiano dos rins), localizado próximo à fossa poplítea, entre os tendões semitendinoso e semimembranáceo do lado interno do joelho.

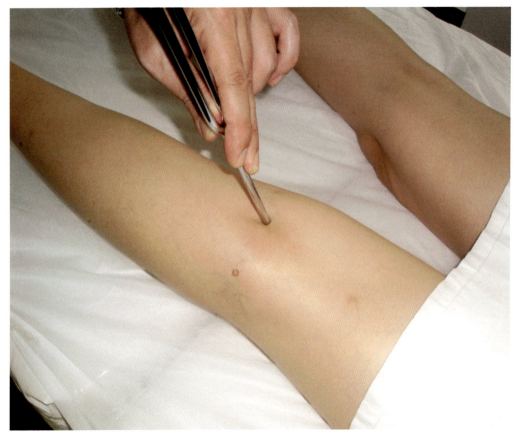

Yingu (R10), ponto Ho Água do meridiano dos rins, utilizando para nutrir os ossos.

Esse acuponto nutre os ossos pela sua relação com o Elemento Água, nutre o Jing (essência e energia hereditária) em sua ação sistêmica.

Outros acupontos que podemos tonificar utilizando a técnica de 5 Elementos são os acupontos Terra dos meridianos de vesícula biliar e bexiga, propiciando uma melhora do transporte das essências, e uma ação analgésica considerada, pois os acupontos pertencentes ao Elemento Terra sedam o Elemento Fogo, que por sua vez representam a inflamação e a dor.

São os acupontos:

Yanglingquan (VB34), ponto Ho Terra do Zushaoyang ou Danjing (meridiano de vesícula biliar), localizado abaixo e à frente da cabeça da fíbula, esse ponto também é conhecido como mestre dos músculos (Huei), em outra técnica de acupuntura.

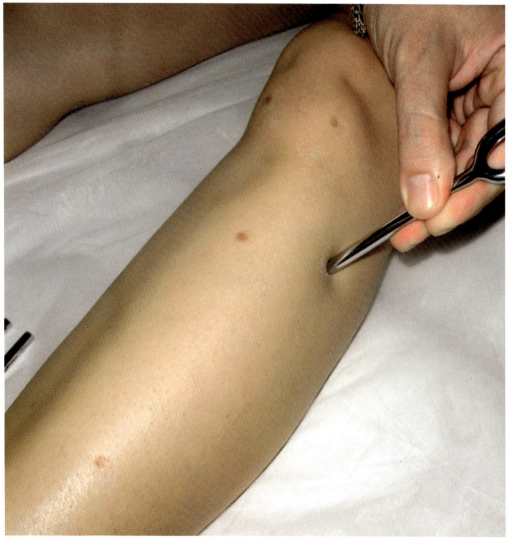

Yanglingquan (VB34), ponto Ho Terra do meridiano de vesícula biliar, utilizando a técnica de tonificação dos diapasões para promover a circulação de Qi.

Também utilizamos a estimulação tonificante neste ponto, pois assim proporcionamos o transporte de Qi estagnado e nutrimos a tonicidade da musculatura nos membros inferiores.

Outra opção é a tonificação do acuponto:

Weizhong (B54), ponto Ho Terra do Zutaiyang ou Panguangjing (meridiano de bexiga), localizado no meio da fossa poplítea, utilizado principalmente quando percebemos a presença de inchaço e edema na região posterior do joelho (fossa poplítea).

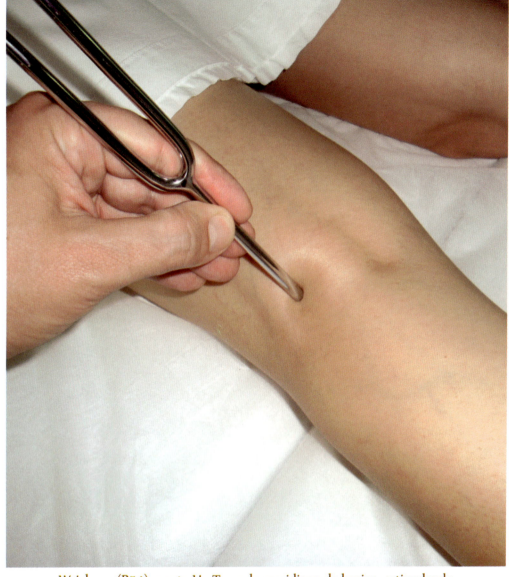

Weizhong (B54), ponto Ho Terra do meridiano de bexiga, estimulando a circulação e o transporte de Qi no combate ao edema.

Em certos padrões de problemas dos joelhos esse acuponto tem um efeito muito peculiar, sendo os casos em que o paciente relata sensação de peso nos membros inferiores, sensação parecida como a fadiga e cansaço ou falta de força (no caso de levantar de uma cadeira ou sofá).

Outra relação muito curiosa na medicina tradicional chinesa é a menção de alguns autores clássicos como Ling Shu e o Tratado de Medicina Interna do Imperador Amarelo (dinastia Tang). Trata-se da correlação da atividade sexual intensa com a falta de força da articulação dos joelhos, curiosamente comum entre pacientes jovens.

A capacidade empírica dos orientais é muito aguçada em relação a nossa, embora nos dias de hoje também possamos desenvolver grande percepção, pois o ritmo de vida que levamos também nos proporciona uma variedade de distúrbios contemporâneos, obrigando-nos a desenvolver um atendimento voltado à prevenção e cuidados fundamentais para o bom andamento do tratamento em questão.

Outra disfunção muito comum nos tratamentos da Diapsoterapia é a crise de labirintite, muitas vezes associada a períodos de instabilidade emocional brusca.

Observamos ainda que as mulheres formam um contingente maior nesse quesito, pois o sistema hormonal pode influenciar muito o sistema vestibular, proporcionando as crises.

Tratamento para labirintite

Para eliminar as crises agudas nos quadros de labirintite temos alguns acupontos de efeito considerados no controle da falta de equilíbrio.

Podemos utilizar a técnica de canal unitário dos meridianos:

Zu/ Shou – SHAOYANG (VB/TA).

Utilizando a técnica de estimulação tonificante nos acupontos de 5 Elementos, sendo eles:

Xiaxi (VB43), ponto Yong Água do Zushaoyang ou Danjing (meridiano de vesícula biliar), localizado à frente da articulação do quarto artelho na região lateral, também aproveitando o efeito de extremidade (acionando os acupontos próximo aos artelhos e extremidade dos dedos do pé, o potencial maior de estímulo em meridianos que a outra extremidade está na cabeça, é também mais acentuado).

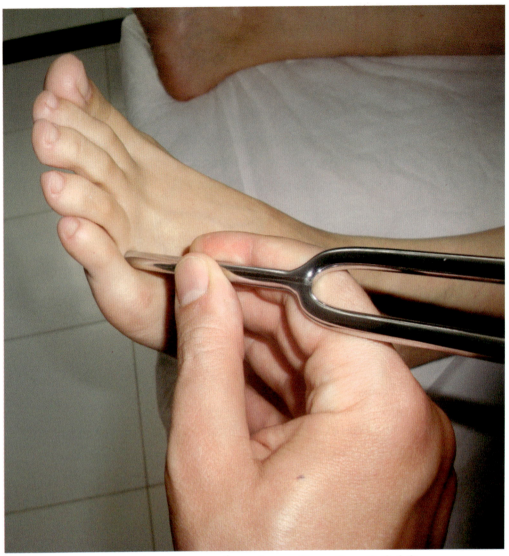

Xiaxi (VB43), ponto Yong Água do meridiano de vesícula biliar, utilizando a técnica de tonificação (percussão, giros, sentido e tempo) para promover a desobstrução do córtex auditivo ou vestibular.

Yemen (TA2), ponto Yong Água do Shoushaoyang ou Sanjiaojing (meridiano de triplo aquecedor), localizado na frente da articulação do dedo anular, na região lateral, também restabelecendo o Qi auditivo e vestibular.

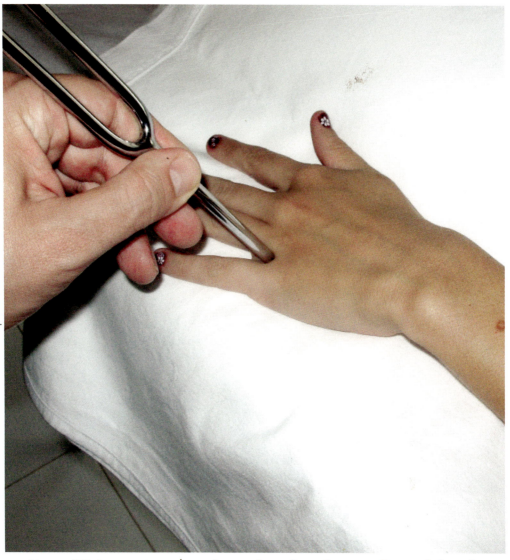

Yemen (TA2), ponto Yong Água do meridiano de triplo aquecedor, estabelecendo com o acuponto anterior a técnica de canal unitário desse sistema (TA/VB), reequilibrando o córtex temporal, utilizando a técnica de tonificação.

Outros acupontos importantes na técnica de tonificação são respectivamente os acupontos:

Yintang e **Baihui** (VG20), pois proporcionamos um relaxamento emocional.

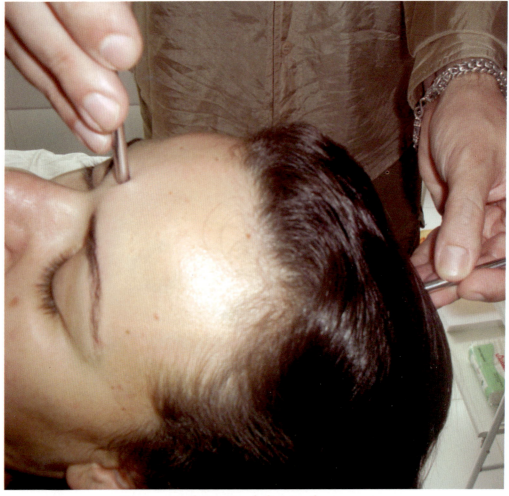

Yintang e Baihui estimulados simultaneamente.

Os principais acupontos empregando a técnica de estimulação sedativa são:

Yifeng (TA17), traduzido como "proteção ao vento", localizado em um aprofundamento entre o ramo da mandíbula e o processo mastoide, na extremidade cranial do m. esternocleidomastoideo.

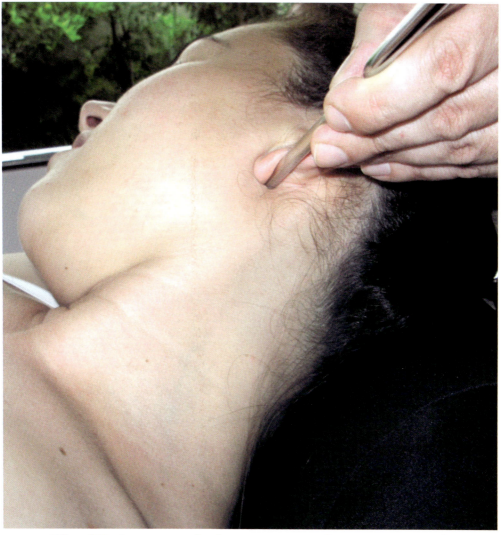

Yifeng (TA17), ponto que desobstrui o Qi estagnado no córtex temporal.

Esse ponto dispersa o Qi em tumulto no sistema vestibular, normalizando a sensação de equilíbrio.

Outro acuponto que podemos associar é o:

Fengchi (VB20), traduzido como "porta do vento", muito utilizado em patologias da face, pois elimina o vento de fígado e a congestão de líquidos nessas regiões.

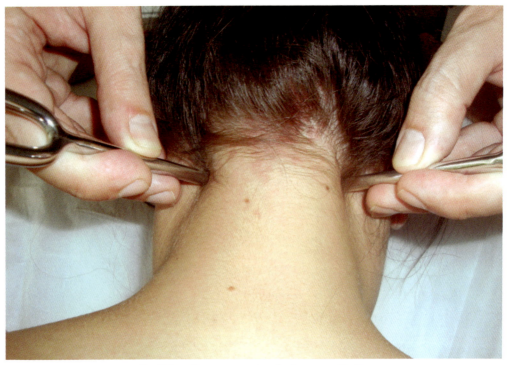

Fengchi (VB20), ponto estimulado em sedação para promover o desbloqueio de Qi estagnado.

OBS.: Na linguagem "vento de fígado", dos termos chineses antigos, estão as síndromes de disfunções sanguíneas obstrutivas como AVC, Aneurismas, Infarto do Miocárdio, ou obstrutivas do sistema Vestibular, na linguagem ocidental de patologias médicas.

Tratamento na Oncologia (padrões diversificados de tumores)

Esse tipo de perfil já é menos frequente na terapêutica dos diapasões, embora nos poucos casos que pude acompanhar e fazer o tratamento com os diapasões, os resultados foram surpreendentes.

Por esta razão, achei melhor registrá-los no conteúdo deste trabalho edificado por minhas pesquisas e experiências.

Em um dos casos, o paciente encontrava-se com várias regiões da coluna apresentando metástase, além de estar muito debilitado pelas dores geradas.

O paciente não aceitou o método convencional de tratamento, por opção própria (tratamento quimio ou radioterápico).

Ele fazia aplicação semanal de geoterapia (tratamento utilizando barro sobre o corpo, por algum tempo), e estimulação diapasônica ou Diapsoterapia.

Foram ministradas sessões de estimulação tonificante para reestruturação do sistema imunológico e conservação de sangue (função desempenhada pelo Elemento Madeira, sendo os meridianos de fígado e vesícula biliar os responsáveis).

Os acupontos tonificados eram:

Dazhu (B11), ponto Huei (Mestre dos Ossos), localizado 1,5 tsun lateral do processo espinhoso da primeira vértebra torácica, esse acuponto tonifica os ossos e os tecidos hematopoeticos (tecido medular), ajudando no fortalecimento do sistema imunológico e o órgão de sustentação (esqueleto).

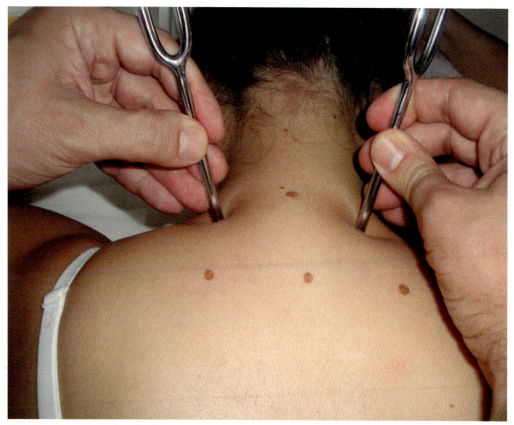

Dazhu (B11), ponto Huei (mestre dos ossos), utilizado para fortalecer os ossos e promover analgesia.

Geshu (B17), ponto Huei de Xue (Mestre do Sangue), localizado 1,5 tsun lateral do processo espinhoso da sétima vértebra torácica, também utilizado para nutrir os tecidos hematopoéticos e a conservação do sangue.

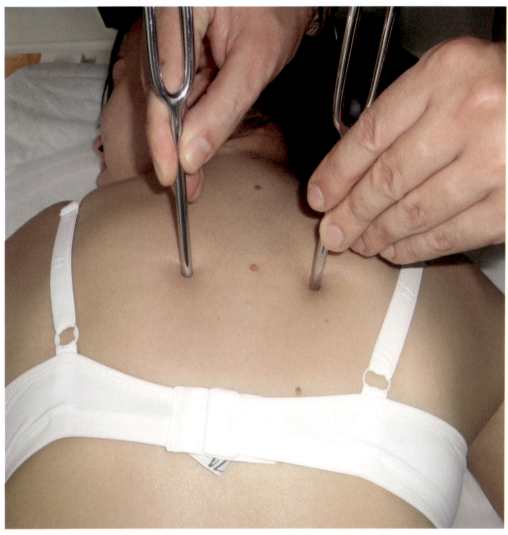

Geshu (B17), ponto Huei (mestre do sangue), também empregado no fortalecimento do sistema imunológico.

Xuanzhong (VB39), ponto Huei (Mestre da Medula Óssea), localizado 3 tsun acima do maléolo lateral, atrás da fíbula, ou transfixante ao acuponto **Sanyinjiao** (BP 6).

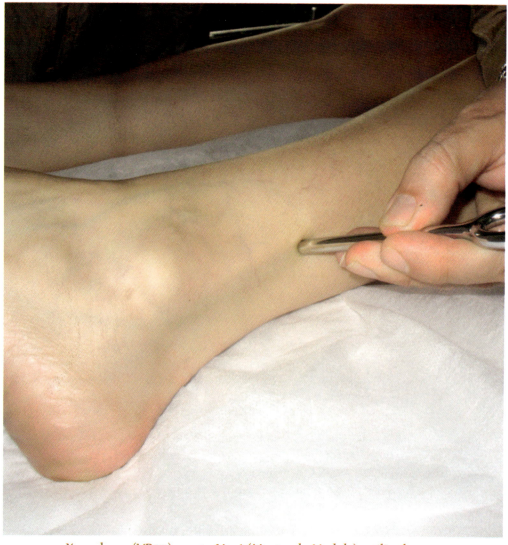

Xuanzhong (VB39), ponto Huei (Mestre da Medula), utilizado com o mesmo propósito dos acupontos anteriores, todos utilizando a técnica de tonificação para fortalecimento orgânico.

Este acuponto também fortalece o sistema nervoso autônomo ou neurovegetativo, auxiliando a produção de endorfinas específicas para diminuir as dores.

Taiyuan (P9), ponto Yuan do Shoutaiyin ou Feijing (meridiano dos pulmões), e também Huei de Qi (Mestre da Energia), para fortalecer o Qi sistêmico no organismo.

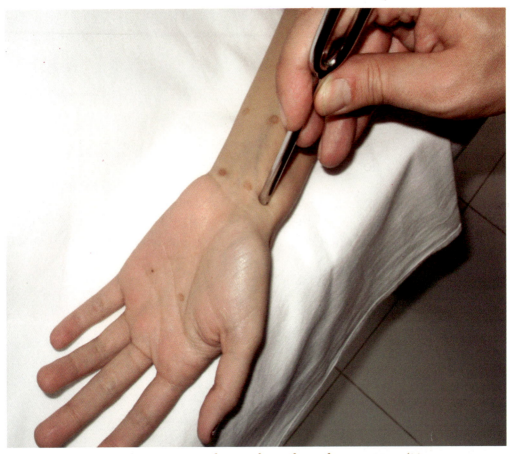

Taiyuan (P9), ponto Yuan do meridiano dos pulmões e Huei (Mestre da Energia Vital), localizado na articulação anterior do punho sobre a artéria radial, utilizado em tonificação para nutrir o Qi sistêmico.

O paciente ficou aproximadamente oito meses em tratamento, sendo realizadas duas aplicações por semana durante uns três meses, depois desse tempo, uma por semana, pois o paciente vinha de outra cidade, ficando difícil manter esse ritmo.

Concluindo o caso, houve uma diminuição considerada das dores provocadas pelos tumores, e embora o paciente tenha falecido no final deste período, foi mantido um padrão considerado de estabilidade emocional e sintomas como a dor intensa difusa pela coluna vertebral até o momento do óbito.

Outro caso abordado sobre esse tema é uma mulher, quarenta e dois anos, com nódulos em dois órgãos vitais, sendo eles, o fígado e um dos rins.

Neste caso, a paciente também fazia tratamento quimioterápico convencional, utilizando a Diapsoterapia como um tratamento complementar e alternativo.

A paciente tinha um nível de depressão bem mais acentuado, em comparação ao outro paciente, e tinha ideia fixa da morte em seu cotidiano.

Talvez pela facilidade de acesso à Diapsoterapia, a paciente fazia todos os dias, por um período de quarenta dias consecutivos, sendo estimulados os acupontos:

Guanyuan (VC4), ponto de reunião dos três meridianos Yin do pé (F/R/BP), e também o Ren Mai (VC), utilizando a técnica de estimulação tonificante nesse acuponto.

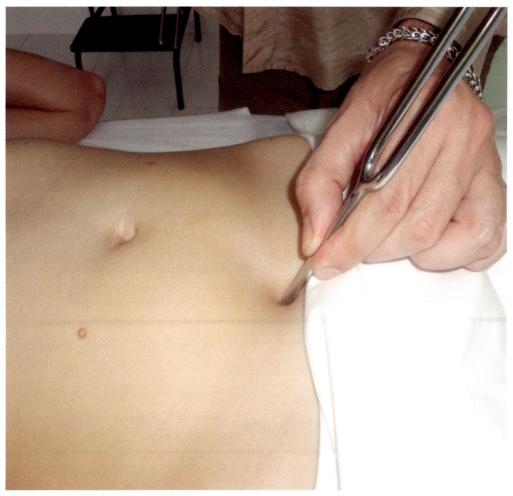

Guanyuan (VC4), ponto de concentração energética e Jing (energia da fertilidade), nas mulheres, localizado 3 tsun abaixo da cicatriz umbilical.

Esse é um acuponto muito importante como gerador de Qi para as Mulheres, citados em muitos clássicos da Medicina Tradicional Chinesa. Nos Homens é o acuponto:

Qihai (VC6), também em tonificação.

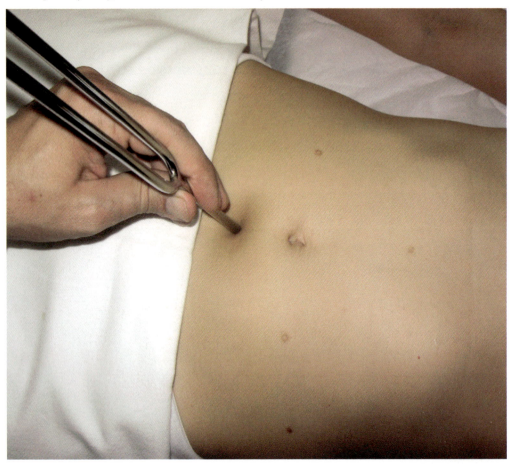

Qihai (VC6), ponto de concentração energética e Jing (energia da fertilidade nos homens), localizado 1,5 tsun abaixo da cicatriz umbilical.

O ponto **Guanyuan** (VC4) era associado ao acuponto **Yintang**, utilizando a técnica tonificante para ambos, trazendo uma reestruturação emocional e energética para a paciente.

Também foi empregado utilizando a mesma técnica de tonificação do acuponto:

Zhangmen (F13), ponto Mo do Baço Pâncreas, e também ponto Huei (Mestre dos Órgãos Cheios), localizado na extremidade da décima primeira costela.

Este acuponto associado ao acuponto **Qimen** (F14), localizado abaixo do sexto espaço intercostal na direção do mamilo, ou três tsun abaixo do mamilo, traçando uma linha horizontal abaixo do processo xifoide na vertical com o mamilo. Este ponto é Mo do Fígado, e era estimulado em sedação para diminuir as dores e os enjoos que a paciente relatava após as sessões de quimioterapia.

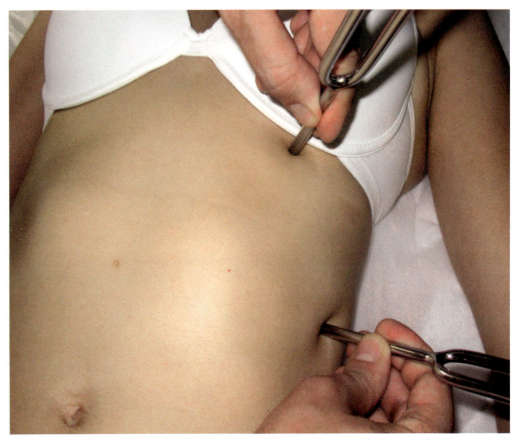

Qimen (F14), ponto Mo do Fígado e Zhangmen (F13), estimulados simultaneamente no combate das dores intercostais e os enjoos produzidos pelo câncer.

Outro ponto empregado na estimulação tonificante era o ponto:

Shenshu (B23), ponto Bei-Shu (ponto de transporte posterior dos Rins), e o acuponto:

Taixi (R3), ponto Yuan Terra do Zushaoyin ou Shenjing (meridiano dos rins), associado ao **Shenmem** (C7), também ponto Yuan Terra do Shoushaoyin ou Xinjing (meridiano de coração), fazendo a conexão do canal unitário, dando um suporte emocional.

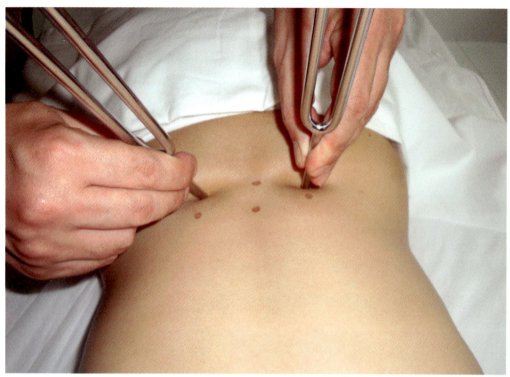

Shenshu (B23), ponto Bei-Shu dos rins para nutrir os rins e o Jing (Qi hereditário).

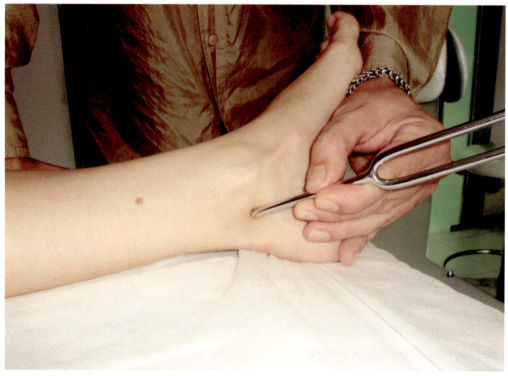

Taixi (R3), ponto Yuan do meridiano dos rins, empregando estimulação tonificante para beneficiar o transporte e a circulação sanguínea.

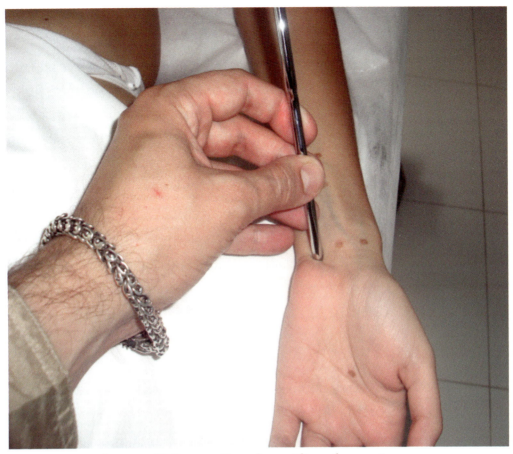

Shenmen (C7), ponto Yuan do meridiano de coração, para auxiliar no suporte emocional do paciente.

Após a sequência já mencionada de aplicações, e após realização de exames, os nódulos dos dois órgãos (F/R), haviam desaparecido.

Isso mostra que os tratamentos associados nesse caso mantiveram um índice de eficácia extraordinário, gerando material de pesquisa comprobatório sobre tais resultados, implicando em avanços para Ciência e para Subjetividade Energética.

Outras patologias

Os casos mencionados a seguir não foram possíveis de acompanhamento e realização do tratamento, porque, talvez pela gravidade do prognóstico (grau ou nível patológico), os pacientes desistiram do tratamento precocemente.

Por isso, apresentarei apenas as propostas de tratamentos para tais casos.

O chamado derrame ou AVC (Acidente Vascular Cerebral) é ocasionado por um rompimento de um vaso (veia ou artéria) em regiões ou hemisférios do cérebro, fazendo com que uma quantidade significativa de neurônios seja comprometida, impedindo funções fundamentais exercidas pelo corpo (movimentação unilateral, distúrbios da fala, disfunção psicomotora, ausência de memória ou cognitiva, entre outros).

Diminuir os níveis de sequela, dar suporte emocional e melhorar o nível energético do paciente é o desafio das terapias alternativas.

No caso específico da estimulação vibratória ou Diapsoterapia, também iremos associar uma técnica de microssistema chamada Craniopuntura ou Acupuntura Escalpeana, ou seja, um sistema de acupontos localizados apenas na região do crânio, enserindo agulhas longas perpendiculares à calota craniana.

Mas, em vez de inserir agulhas, faremos a estimulação vibratória, possibilitando a Homeostase do cérebro de se recompor.

Os acupontos mencionados terão seus nomes mantidos em chinês, pelo refinamento dessa técnica e também em respeito à tradição.

Touwei localiza-se na inserção dos cabelos numa linha vertical traçada no final das sobrancelhas (lateral), no córtex temporal.

Touwei é empregado na técnica de estimulação tonificante para fortalecer o córtex afetado pelo AVC.

Podemos associar os acupontos:

Baihui (VG2) e **Yintang**, em estimulação tonificante para relaxar o Shen (pensamentos).

Todos esses acupontos mencionados serão estimulados em tonificação; aliás, nesse padrão patológico em específico, não recomendo sedar nenhum ponto estimulado, pois o enfraquecimento e o estresse ocasionado pelo AVC no organismo é notável.

O AVC é considerado pela Medicina Tradicional Chinesa como uma patologia de "Vento de Fígado", obrigando-nos assim a equilibrar esse sistema através dos Ciclos Shen e Ko (ciclo de geração e controle), especificamente na técnica de 5 Elementos.

Outro acuponto pertencente ao elemento Madeira que podemos fazer uso nesse caso é:

Fengchi (VB20), localizado na região do córtex occipital, também é um ponto que dispersa o "Vento de Fígado".

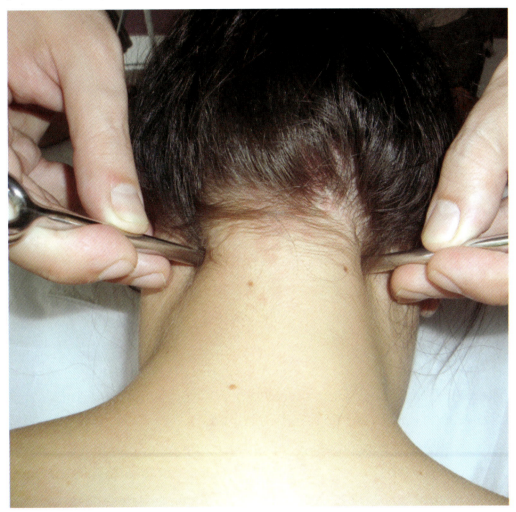

Fengchi (VB20), neste caso em estimulação tonificante para fortalecer o sistema autônomo ou neurovegetativo.

Também podemos fazer uso da técnica de "Quatro Portões Maiores", sendo eles:

Hegu (IG4) e **Taichong** (F3), trazendo equilíbrio para o sistema nervoso autônomo ou neurovegetativo, ambos em tonificação.

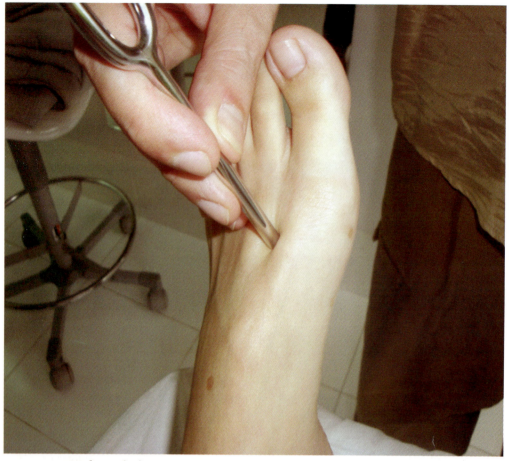

Taichong (F3), ponto yuan do meridiano de fígado e pertencente a técnica de Quatro Portões Maiores associado com o Hegu (IG4).

Outra patologia que vamos abordar agora é o Lúpus, uma doença do sistema autoimune que afeta sistemicamente o organismo de forma agressiva, levando a óbito se não tratada a tempo.

Essa doença é incurável pelos recursos de hoje, dando a opção de controle dos danos no organismo, via alopatia e tratamentos alternativos.

Nos processos de doença autoimune, o sistema de defesa do organismo combate a si próprio e atualmente ainda é uma área muito pouco conhecido pela Ciência.

Na Medicina Tradicional Chinesa, especificamente na técnica de 5 Elementos, o elemento responsável pelo controle do sistema nervoso neurovegetativo é o Elemento Madeira, governado pelos meridianos de fígado e vesícula biliar.

Utilizamos também nesse caso a técnica de estimulação tonificante em todos os pontos e também escolhemos sempre os acupontos de ações mais expressivas como:

Quchi (IG11) e **Zusanli** (E36) – utilizando a técnica de Quatro Portões Menores, associada à técnica de Quatro Portões Maiores, sendo eles:

Hegu (IG4) e **Taichong** (F3), também podemos utilizar os acupontos de reestruturação do sangue, sendo eles:

Sanyinjiao (BP6) e **Xuehai** (BP10), localizado dorsalmente sobre a extremidade medial da patela, na barriga de músculos mediais do m. quadríceps femoral.

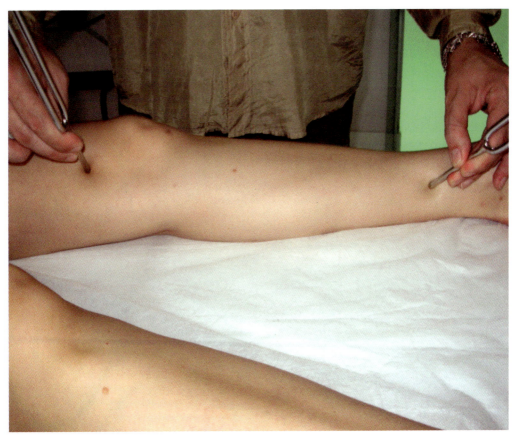

Sanyinjiao (BP6), ponto de reunião dos 3 meridianos Yin do pé, localizado 3 tsun acima do maléolo medial atrás da tíbia, e o ponto Xuehai (BP10), chamado de mar de sangue, estimulados em tonificação simultaneamente para fortalecer o sistema imunológico.

Outros acupontos poderão ser associados nesse tipo de distúrbio, mas também deveremos seguir os sintomas que, nesse caso, variam muito, dependendo das fases da doença.

Igualmente, não podemos esquecer os acupontos de equilíbrio emocional, tais como:

Yintang e **Baihui** (VG20), associados com os pontos:

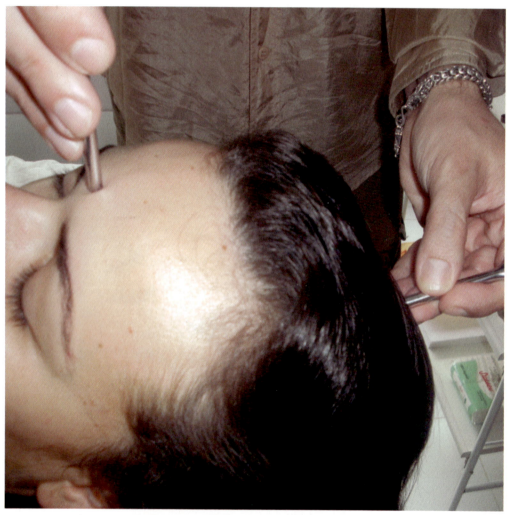

Yintang e Baihui, estimulados em tonificação simultaneamente para promover um relaxamento mental.

Shenmen (C7) e **Daling** (CS7), pois a instabilidade emocional também é muito expressiva nos pacientes de Lúpus.

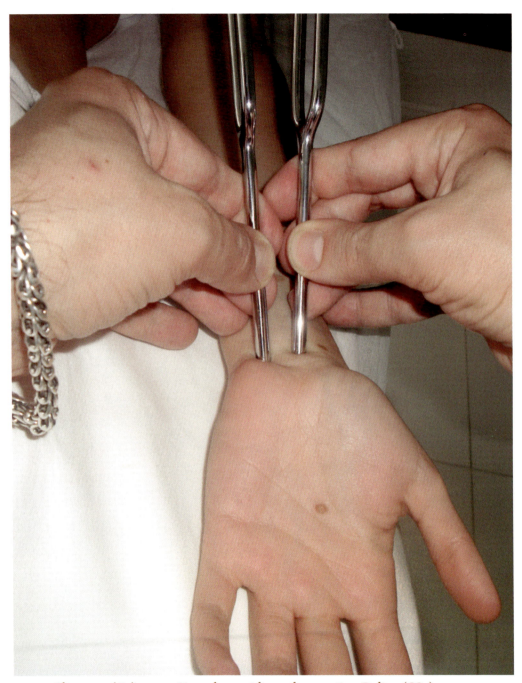

Shenmen (C7), ponto Yuan do meridiano de coração e Daling (CS7), ponto Yuan do meridiano de circulação sexo, sendo estimulados em tonificação simultaneamente para promover a desobstrução de Qi do Shen (pensamentos).

Capítulo 3

Métodos de prescrição de tratamento pela Diapsoterapia

Explicaremos agora o método de prescrição de tratamento através da Diapsoterapia, considerando o tempo de uma aplicação, quantos acupontos deverão ser estimulados, prescrição de tratamento inicial via prognóstico, grau de lesão, frequência.

Os tratamentos serão prescritos através do prognóstico (grau de enfermidade) que o paciente possui; mas no geral, uma proposta inicial para regulação de homeostase do organismo está baseada em aproximadamente de oito a dez aplicações podendo ter a frequência de uma ou duas aplicações por semana.

Todas as aplicações serão monitoradas previamente, tendo o paciente a instrução de passar a melhora ao terapeuta através de percentual. Exemplo: a melhora dos sintomas foi de 10%, 30%, 70% e assim sucessivamente.

A receptividade orgânica dependerá também de fatores fisiologicamente óbvios, como idade; organismos de pessoas mais jovens mostram uma receptividade maior do que o de pessoas de faixa etária maior, e pacientes idosos (terceira idade) mostram uma receptividade menor do que os grupos anteriores.

Também é importante ressaltar que a técnica de Diapsoterapia está surpreendendo com os resultados obtidos, mesmo em pacientes da terceira idade, com artrite, artrose, osteoesclerose, problemas de coluna, disfunções hormonais, etc.

Há também a necessidade de consciência do tratamento pelo paciente no sentido de frequência (sem interrupções), sendo de extrema importância para evolução dos resultados que, por sua vez, dependem do retorno consecutivamente.

Outro fator muito importante para a obtenção de bons resultados é a não ingestão de alimentos ou bebidas alcoólicas, atividade sexual pouco antes da sessão, início de processo menstrual, exercícios físicos ou nenhuma condição que disperse o organismo quanto aos estímulos produzidos para que assim o organismo possa estar receptivo ao tratamento proposto.

Os períodos de exposição do organismo quanto aos estímulos vibratórios são:

Tempo mínimo de vinte minutos e máximo de vinte e cinco minutos por aplicação, sendo estimulados de quatro a seis acupontos bilaterais, podendo ser escolhidos pontos tonificados (4 minutos de estimulação leve) e sedados (7 minutos de estimulação forte), dentro desse tempo, que por sua vez, será cronometrado.

Os acupontos estimulados deverão ser marcados no corpo utilizando lápis dermográfico antes das estimulações.

Também é necessário um período de dez minutos de relaxamento após o período de estimulação vibratória para aumentar a receptividade, e induzindo um trabalho meditativo e reflexivo no paciente.

As aplicações deverão ser realizadas com fundo musical direcionado ao tratamento de cada indivíduo e quadro específico, visando o reequilíbrio e o bem-estar do paciente.

Adendum

Musicoterapia associada à técnica de 5 Elementos

Existem muitas possibilidades e vertentes quanto ao emprego da Musicoterapia dentro das terapias alternativas em geral. Por esta razão, abordarei minha experiência musical e a linha que desenvolvo dentro de meu consultório.

As melodias, os ritmos e a escolha dos instrumentos são feitas pela disfunção do paciente mediante a técnica de 5 Elementos. Há algo de intuitivo nesses processos.

Para citar um exemplo, paciente sofre de enxaqueca e disfunção menstrual, indicando distúrbio do Elemento Madeira; então são recomendadas melodias suaves e sons de flauta indígena, principalmente de bambu, para que assim possa ser harmonizado esse sistema em questão.

O esquema mencionado a seguir é empregado na terapêutica dos diapasões, embora muito resumidamente devido a amplitude de possibilidades musicais e autores que podemos utilizar.

- **Madeira** – sons de flauta indígena, instrumentos de sopro de madeira, cânticos de pássaros, violino, instrumentos de sopro erudito como oboé, chocalhos, entre outros.
As melodias são suaves com intervalos de notas mais longos para que assim possa ser disperso o Yang em excesso.

- **Fogo** – sons de piano clássico, harpa, sintetizadores, sons espaciais, cítaras, entre outros.
As melodias também são suaves, com intervalos de notas mais longos e notas prolongadas para dispersar o Yang em excesso.

- **Terra** – sons de violão, viola, violoncelo, contrabaixo acústico, sons de natureza, entre outros.
As melodias são mistas, entre a suavidade e a agilidade, com intervalos de notas mais curtos e menos prolongados, para que assim possa ser estimulado o transporte das essências, beneficiando a circulação de Qi.

- **Metal** – sons de instrumentos de sopro (Metais) como: saxofone, trompete, flauta transversal, gongos, carrilhões, sinos, entre outros.
As melodias são mais ágeis, com intervalos de notas mais curtos para estimular a produção do Qi defensivo (Wei-Qi) e dar suporte emocional, combatendo a tristeza.

- **Água** – sons de tumbadoras, instrumentos de percussão como bumbos, bongos, maracás, xilofone, marimbas, tambores, sons de água, entre outros.
As melodias são tribais, percussivas e rústicas, induzindo a produção das essências (Jing-Qi) e dando suporte emocional, combatendo o medo e a falta de coragem.

Lembrando também que a intuição nos trabalhos mais sutis de medicina alternativa tem muita importância, quanto a escolha das músicas e dos autores que empregamos nos tratamentos.

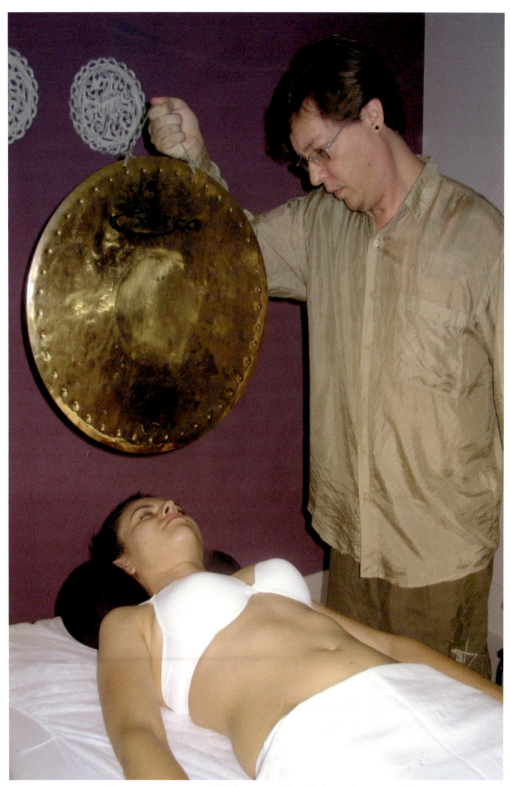

A foto mostra um realinhamento de Chakras (centros de energia vital) através do som de Gongo em Lá.

143

Impressão e Acabamento